幼儿园劳动教育研究

丁兴琴◎著

郑州大学出版社

图书在版编目(CIP)数据

幼儿园劳动教育研究 / 丁兴琴著. —郑州:郑州
大学出版社,2024.6
ISBN 978-7-5645-9998-0

Ⅰ. ①幼… Ⅱ. ①丁… Ⅲ. ①学前教育-劳动
教育-教学研究 Ⅳ. ①G613.3

中国版本图书馆 CIP 数据核字(2023)第 207491 号

幼儿园劳动教育研究

YOUERYUAN LAODONG JIAOYÜ YANJIU

选题策划	宋妍妍	封面设计	王 微
责任编辑	宋妍妍	版式设计	王 微
责任校对	吴 静	责任监制	李瑞卿

出版发行	郑州大学出版社	地 址	郑州市大学路40号(450052)
出 版 人	孙保营	网 址	http://www.zzup.cn
经 销	全国新华书店	发行电话	0371-66966070
印 刷	郑州市今日文教印制有限公司		
开 本	710 mm×1 010 mm 1/16		
印 张	12.25	字 数	206 千字
版 次	2024 年 6 月第 1 版	印 次	2024 年 6 月第 1 次印刷
书 号	ISBN 978-7-5645-9998-0	定 价	68.00 元

前　言

2020 年 3 月 26 日,中共中央、国务院印发《关于全面加强新时代大中小学劳动教育的意见》,明确提出"把劳动教育纳入人才培养全过程""全面构建体现时代特征的劳动教育体系",为我国开展劳动教育指明了方向。学前教育作为中国特色社会主义教育体系的重要组成部分,对人一生的发展起着奠基作用,在教学活动中实施劳动教育,积极贯彻党的教育方针,培养健康和谐发展的人,是幼儿园教育教学的重要内容。

幼儿发展的规律决定了幼儿园劳动教育在活动内容、实施方式方面的特殊性,目前,对幼儿园劳动教育活动的研究处于探索阶段。基于此,本书首先探讨了幼儿园劳动教育的内涵、功能和价值,阐述其理论基础,对新时代幼儿园劳动教育的目标和内容进行分析。在此基础上,通过对幼儿园一线教师进行调查和访谈,分析幼儿园劳动教育的现实困境及成因,进而对幼儿园劳动教育的设计原则、内容选择及实施评价进行实践探索,以丰富幼儿园教育活动的内容,为进一步深入研究幼儿园劳动教育提供新的方向和视角,同时为幼儿园教育工作者提供参考,以期对幼儿身心发展有进一步的促进作用。

衷心感谢郑州大学出版社的大力支持,正是他们高效率的工作,才使本书能够及时跟读者见面,他们严谨的工作作风,值得我们学习。

由于水平所限,疏漏与缺点在所难免,欢迎教育界同仁及广大读者批评指正。

2023 年 6 月

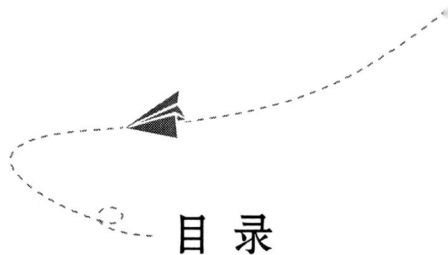

目 录

第一章
劳动教育的理论阐释

第一节
中国传统文化中的劳动教育

习近平总书记指出："只有全面深入了解中华文明的历史,才能更有效地推动中华优秀传统文化创造性、创新性发展。"在5000多年的悠久历史中,中国人民开创了中华文明的光辉历程,在与大自然的长期斗争中,我国涌现出许多关于劳动的故事,如精卫填海、夸父逐日、后羿射日等神话传说,更有愚公移山、女娲补天、大禹治水等神话故事,体现出劳动人民崇尚劳动、反抗命运的精神,直至今日,仍然闪烁着智慧的光辉,对中国人民产生了深远的影响,是现代劳动教育的思想源泉。

追溯教育的渊源,早期的教育是基于现实生活的需求而产生的,与生活相吻合,早期发达的农业对耕种文化的出现起到了一定的推动作用,教育的普及,则使耕种文化的传播速度大大加快。在这一进程中,耕种文化对我国劳动教育的发展具有重要的意义,它深邃的思想意蕴具有独特的魅力,折射出中国社会从古代向近代转型的思维之光,对整个社会的发展、社会教育体制的建设,都起到了不可忽视的作用。本章对中国古代劳动思想及教育的发展历程进行了较为系统的梳理,希望能对当代中国特色的社会主义劳动教育有所启示。

一、传统哲学中的劳动反思

古人不仅重视劳动和分工,而且还形成了独特的劳动哲学,其中道家的思想影响最大,它对我国古代劳动哲学的影响主要表现在两个方面。

一方面,重视劳动技能的提升,把劳动上升到艺术的层面,方法是精神专一,心无旁骛,最后达到心物一体,即魏源所概括的"技可进乎道,艺可通乎神"。如《庄子·养生主》里著名的"庖丁解牛"就是如此。宰牛剔骨,庖丁做起来是"手之所解,肩之所倚,足之所履,膝之所踦,砉然向然,奏刀騞然,莫不中音,合于《桑林》之舞,乃中《经首》之会","方今之时,臣以神遇而不以目视,官知止而神欲行",因而可以做到"依乎天理,批大郤,导大窾,因其固然",刀刃在骨节间都感到"恢恢乎其于游刃必有余地矣"。在这里劳动不再是一种负担,而是达成某种艺术效果的手段;劳动过程不再是枯燥沉闷的,而是艺术般的享受过程。劳动、劳动者、劳动对象已融为一体,"臣之所好者道也,进乎技矣"。类似的例子还有《庄子·达生》篇里的"佝偻承蜩"的故事。佝偻承蜩之所以能够"犹掇之",乃是经历了"五六月,累丸二而不坠,则失者锱铢;累三而不坠,则失者十一;累五而不坠,犹掇之也"的艰苦过程,同时"吾处身也,若橛株拘;吾执臂也,若槁木之枝。虽天地之大,万物之多,而唯蜩翼之知。吾不反不侧,不以万物易蜩之翼,何为而不得",这种"用志不分,乃凝于神"就是达到如此境界的"道"。宋代欧阳修《卖油翁》中所揭示的"无他,但手熟尔",亦是如此。明代魏学洢《核舟记》中记载民间微雕艺人王叔远核舟"技亦灵怪矣",都反映了古人要将劳动做到极致,成为艺术的哲理,这也是现代人所倡导的工匠精神的生动写照。

另一方面,又将器物的精巧与人心的技巧生硬地联系到一起,认为"有机械者必有机事,有机事者必有机心",是失去了"纯白"之质的表现。《庄子·天地》篇载:子贡南游于楚,反于晋,过汉阴,见一丈人方将为圃畦,凿隧而入井,抱瓮而出灌,搰搰然用力甚多而见功寡。子贡曰:"有械于此,一日浸百畦,用力甚寡而见功多,夫子不欲乎?"为圃者仰而视之曰:"奈何?"曰:"凿木为机,后重前轻,挈水若抽,数如泆汤,其名为槔。"为圃者忿然作色而笑曰:"吾闻之吾师,有机械者必有机事,有机事者必有机心。机心存于胸中则纯白不备,纯白不备则神生不定,神生不定者,道之所不载也。吾非不知,羞而不为也。"从这段对话中可以看出,道家的主张是,宁愿用最为原始的方法汲水,也不愿采用可节省劳力的槔,因为在道家看来,"有机关之器者,必有机动之务,有机动之务者,必有机变之心。而机变存乎胸府,则纯粹素白不圆备矣",这是对技艺的偏见、对物质日益丰富持警惕和反对的态度,而对技艺的偏见阻碍了技术进步。老庄主张"自然主义",认为凡是接近自然的、原始的,都是素朴的,才是好的,看重的是七窍未开的混沌世界。这种思想也对儒家产生了影响,造成后世儒家知识分子对所谓"奇技淫巧"的敌视,统治阶级的精英阶层垄断了知识生产,消解了技术进步和对工艺精益求精的工匠精神,形成了古代劳动哲学脑力劳动和体力劳动之间的内在冲突。

二、农耕文明中的劳动分工

春秋战国时期,我国的思想家们就提出了劳动分工的观点,如《墨子·尚贤上》中记载"凡天下群百工,轮、车、鞼、匏、陶、冶、梓、匠,使各从事其所能",反映出这个时候已经有了不同的分工。战国时代的《考工记》中记述了春秋战国时期木工、金工、皮革工、染色工、玉工、陶工6大类30个工种(其中木工分为7类,金工分为6类,皮革工分为5类,染色工分为5类,玉工分为5类,陶工分为2类),即反映了生产力的发展程度。而通过劳动分工,生产力又得到了进一步提高。管仲甚至还提出把民众分为士农工商4类,分业定居,《管子·小匡》中有"士农工商四民者,国之石民也,不可使杂处","是故圣王之处士必于闲燕,处农必就田野,处工必就官府,处商必就市井","相语以事,相示以巧",甚至要求"士之子恒为士,农之子恒为农,工之子恒为工,商之子恒为商"(《国语·齐语》),以利于劳动效率的提高并以此维持社会秩序。

孔子在《论语·卫灵公》中指出:"君子谋道不谋食。耕也,馁在其中矣;学也,禄在其中矣。君子忧道不忧贫。"区分了两种不同的劳动,孟子对孔子的劳动分工学说又做了进一步发展,《孟子·滕文公上》中载:"无君子莫治野人,无野人莫养君子。"荀子在孔孟基础上又进行了新的阐释,主张"君子以德,小人以力"。墨子不仅主张社会分工,而且还以筑墙为例,提出了生产过程内部分工的见解:"能筑者筑,能实壤者实壤,能欣(同掀)者欣,然后墙成也。"(《墨子·耕柱》)这与亚当·斯密的观点是暗合的:"劳动生产力上最大的增进,以及运用劳动时所表现出的更大的熟练、技巧和判断力,似乎都是分工的结果。"

综上所述,无论是孔孟还是荀子、墨子,他们不仅主张劳动分工论,而且还注意到体力劳动和脑力劳动的区别,孟子的劳心劳力说,实际上已揭示了体力劳动和脑力劳动的分工,但他又讲"劳心者治人,劳力者治于人",将劳心者置于劳力者地位之上,而墨子也认为"教天下以义者","功贤于耕织",有一定的历史局限性。

三、劳力与劳心的价值之辨

关于劳动的重要性,古人都有明确的认识,但如何看待劳动特别是体力劳动,则有不同意见。由于受到礼制和等级观念的影响,春秋战国时期的思想家普遍鄙视劳动特别是体力劳动,认为只有所谓"小人"(地位低下者)才从事体力劳动,而所谓"君子"则应"劳心""勤礼",且劳力者应为劳心者所役使,如春秋时知武子认为,"君子劳心,小人劳力,先王之制也"(《左传·襄公九年》),"君子勤礼,小人尽力"(《左传·成公十三年》)等,无一不是将"劳心"与"劳力"对立起来,并以此作为"君子"和"小人"的分野,认为"君子"应在"勤礼"上下功夫,而"小人"只要做好各种生产即可。春秋时鲁国的敬姜也认为"君子劳心,小人劳力,先王之训也"(《国语·鲁语》),于是按此分工原则,"劳心者"的工作就是"天子大采朝日,与三公、九卿祖识地德;日中考政,与百官之政事,师尹维旅、牧、相宣序民事;少采夕月,与大史、司载纠虔天刑;日入监九御,使洁奉禘,郊之粢盛,而后即安。诸侯朝修天子之业命,昼考其国职,夕省其典刑,夜儆百工,使无慆淫,而后即安。卿大朝考其职,昼讲其庶政,夕序其业,夜庀其家事,而后即安。士朝受业,昼而讲贯,夕而习复,夜而计过无憾,而后即安",而劳力者则"明而动,晦而休,无日以怠"。

儒家接受和继承了劳心者社会地位高于劳力者的观点,孔子对农业生产等体力劳动表示鄙薄:"樊迟问稼"反映了孔子认为体力劳动是可鄙的态度,《论语》中其他章节也为此提供了佐证。如《论语·子贡》里孔子自称"吾少也贱,故能多鄙事。君子多乎哉?不多也"。孟子在驳许行派"君臣并耕"的主张时即明确提出:"或劳心,或劳力;劳心者治人,劳力者治于人;治于人者食人,治人者食于人;天下之通义也。"(《孟子·滕文公上》)儒家之所以有如此的思想,与时代背景、学术思潮等密切相关。

春秋战国以来,我国各个思想学派特别是儒家对体力劳动的看法很大程度上直接影响了此后两千多年中国社会的走向。"学而优则仕"成为全社会的普遍价值取向,尤其是在科举时代,"朝为田舍郎,暮登天子堂"成为历代读书人的梦想,对伦理和道德教育的过分关注,使得我国的自然科学研究日趋缓慢。清代乾隆年间使华的英国人马戛尔尼察觉到这个国家的科学和医学知识程度很低,知识阶层对物质进步漠不关心。

总之,古代中国耕读世家的生活方式和儒家思想深刻地影响了知识分子的思想和行为,他们不仅关注自身的修养和文化素养,还关注社会的发展和人民的福祉。在政治黑暗、社会压抑的时候,他们选择躬耕而隐来表达自己的态度和反抗精神。在科举取代门第成为选士的最重要标准之后,讴歌劳动者成为文学创作中的一个重要主题,反映了社会底层人民的生活状态和内心世界,士大夫阶层与皇权之间的张力,让士人有自己独立的思想和态度,能够为底层人民争取利益,推动社会进步。

四、仁政思想中的劳动正义

劳动正义本质上是对劳动方式、劳动活动和劳动关系之合理性前提和目的性根据的哲学反思和价值检审,就是追问劳动所得与付出是否合理,仁政思想中的劳动正义有以下三个方面。

第一,强调生产特别是农业生产的重要性。《白虎通义》中记载:"古之人民皆食禽兽肉。至于神农,人民众多,禽兽不足。于是神农因天之时,分地之利,制耒耜,教民农作……"《周易·系辞下》中写道:"包羲氏没,神农氏作。斫木为耜,揉木为耒,耒耨之利,以教天下,盖取诸益。"《孟子·滕文公上》中有"后稷教民稼穑,树艺五谷,五谷熟而民人育"等。这些都表明先民对农业的重视。先秦时期即设立农稷之官以指导农业生产。《周礼》中"大司徒"之职是"辨十有二壤之物而知其种,以教稼穑、树艺"(具体是"一曰稼穑,二曰树艺,三曰作材,四曰阜藩,五曰饬材,六曰通财,七曰化材,八曰敛材,九曰生材,十曰学艺,十有一曰世事,十有二曰服事")。大司徒下设"遂人"一职,"以岁时稽其人民,而授之田野,简其兵器,教之稼穑"。不仅如此,西周春秋时期,在每年春耕之前,周天子都要率诸侯行"籍田礼","以先群萌,率劝农功",宣扬"王室唯农是务",以此表明对农事的关切和重视。由于强调生产性的农业活动,古代甚至形成了重农抑商的政策,对不直接从事生产的商业进行限制和打压。

第二,强调轻徭薄赋,善待农民等生产者。孔子、孟子等均反对聚敛,反对加重农民负担,主张藏富于民,认为"百姓足,君孰与不足?百姓不足,君孰与足?"(《论语·颜渊》)历史上凡是有远见的政治家、有作为的统治者,都会注意减轻农民的负担，以利于政权的长治久安。孟子甚至认为"民为贵，社稷次之，君为轻"，还提出了"为民制产"的主张，即强调为生产者提供保障的重要性。

第三，主张劳动者应享有劳动所得。中国先秦农家学派代表人物许行反对劳动分工的观点，他提出了一个问题：为什么劳动者并不享有全部劳动果实，统治者却可以坐享其成？"厉民而以自养"，谈到劳动正义问题，他主张统治者应该"与民并耕而食，饔飧而治"，但是实际上由于封建剥削制度的存在，劳动者并不能获得与劳动付出相称的报酬，统治者不劳而获，即"遍身罗绮者，不是养蚕人"。很多思想家都谈到正义的分配问题。清初哲学家李塨提出"天下有一无事之民则一民废，无一无事之民则天下治"，认为不从事生产的游民是社会的乱源，都是对劳动正义进行的讨论和思考。

五、耕读传家中的劳动教育

我国是世界上最早从事农业生产的国家之一，农业是人们生存和发展的第一要事，从古至今，农业一直是中国经济的重要支柱，也是中国文化的重要组成部分。在中国数千年的农耕文明中，农民们的辛勤劳作和智慧创造，不仅滋润了土地，也孕育了耕读文化，对一代又一代的中国人产生了巨大的影响，也促进了人类社会的变革与演进。

耕读文化是中国数千年农耕文明在特定历史时期所形成的乡村文化。古代先民将"耕"和"读"结合起来，希望拥有耕读相结合的生活方式。白天从事农业劳动与晚上挑灯读书共同构成了我国独特的耕读文化。耕读不仅是指一种半耕半读的教育和学习方式，更是一种高尚情怀、价值追求与文化修养。

中国的耕读文化起源可以追溯至春秋战国时期，人们在农闲之余，聚集在祠堂、庙宇、书院中进行自学，相互交流，形成了一种以农为本、注重实践和传承的文化。至汉魏时期耕读文化的发展已经非常成熟，这一时期的书院、庙学，是中国古代较为先进的教育机构之一。至唐宋时期耕读文化达到鼎盛，书院成为文化名流、读书人的重要活动场所，被誉为中国古代文化的重要源头，也是中国古代文化的重要组成部分。

耕读文化在中国历史上扮演着重要的角色，它不仅是中国农民的智慧结晶,更是中国文化的重要组成部分。时至今日,耕读文化的精髓依然发挥着积极的社会影响和潜移默化的教育作用,其中最典型的就是耕读传家。颜之推在《颜氏家训》中指出,士大夫如果不了解农业,不参加农业劳动,"治官则不了,营家则不办",他认为只有通过农业劳动来体会人生,才能做好官、当好家。到了明末清初,实学思潮开始兴起。一些思想家躬身实践,直接从事农业生产,以此影响和带动一大批追随者。清初理学家张履祥则在《训子语》中阐述了"耕"与"读"的关系:"读而废耕,饥寒交至;耕而废读,礼仪遂亡。"清末名臣曾国藩也始终将"耕读"作为治家的根本,他认为耕读是安身立命与传家的根本之道。《曾国藩全集·家书》中指出,"以耕读之家为本,乃是长久之计""吾细思,凡天下官宦之家,多至一代享用便尽,其子孙始而骄佚,继而流荡,终而沟壑,能庆延一二代者鲜矣;商贾之家,勤俭者能延三四代;耕读之家,谨朴者能延五六代;孝友之家,则可延十代八代。余今赖祖宗之积累,少年早达,深恐其以一身享用殆尽,故教诸弟及儿辈,但愿其为耕读孝友之家,不愿为仕宦之家"。此时的"耕"已经不仅仅局限于传统意义上的农业劳动,而是有了更为深远的实践意义。

(一)耕读文化中所体现的劳动教育精神

从"耕以致富,读能荣身"的朴素愿望,到"胸怀天下,振兴中华"的理想追求,耕读文化在发展中已经形成了开拓进取、自信达观、自强不息的精神,培养了一代又一代的中华儿女,具体体现在以下四个方面。

第一,自强不息精神。在农耕文明时,人们将勤劳耕种、刻苦读书作为改变个人命运和报效国家朝廷的价值取向,实现家国命运的有机统一,传统文化所提倡的"君子自强不息,勇于担当天下大任"的民族精神体现。所谓"修身齐家治国平天下""仁义礼智信""礼义廉耻"以及"富贵不能淫,贫贱不能移,威武不能屈"的士大夫精神,必须通过勤奋耕读的身体力行和学习实践才能养成。

第二,敬天惜时精神。先民们在长期的劳作中,形成了惜时、及时而作、顺应天时等观念,如《史记·五帝本纪》记载:"乃命羲和,敬顺昊天,数法日月星辰,敬授民时。"中国古人强调充分利用时间、不虚掷光阴的时间观,如《汉书·食货志》载:"冬,民既入,妇人同巷,相从夜绩,女工一月得四十五日。"荀子在《荀子·富国》中反复强调顺应天时,"无夺民时""守时力民"

"使民夏不宛喝,冬不冻寒,急不伤力,缓不后时",顺时从事生产活动,才能更好地发挥劳动者在生产劳动中的积极性和主动性。

第三,人文理性精神。中国人在实践中逐渐形成了重人事轻鬼神的观念,重视现世,较少受宗教束缚,不再蒙昧迷信,人文精神发达。面对不可知的鬼神,他们采取了敬而远之的态度。由于重视人文精神,人们很早就摆脱了原始宗教的束缚,形成了较为发达的人文理性,没有出现像欧洲那样长时间的神学统治,以至于钱穆先生认为中国历史就是文化史,就是中国人的人文理性的发展史。

第四,造福于民的精神。耕读文化所秉持的重要道德修养,就是儒家强调的"修齐治平",先民将勤劳节俭、读书劳动的身体力行与道德情操的理想追求密切结合起来。追溯耕读文化的发展轨迹,忠信守义、精忠报国、为民造福的家国情怀,始终是民族发展壮大的动力,也是耕读文化的核心价值所在。

(二)耕读文化中所体现的劳动教育途径

纵观我国古代耕读文化的发展,从当时大的社会环境来看,劳动教育没有被明确提出,也未受到知识阶层的关注,更没有被纳入主流的教育体系中。但将耕融入教育体系当中,也是古人开展劳动教育的一种重要方式,追溯历史,可以发现在生产劳动的"场域",劳动教育主要通过以下途径进行。

第一,家庭教育。在封建社会,家庭教育是人们最早接受的一种教育方式。一方面,人们十分重视孩子的道德习惯养成教育,如《三字经》中载有"性相近,习相远",《汉书·贾谊传》中强调"少成若天性,习惯如自然"。古代儒家思想重视子女成长过程中每个阶段的德育教育,并且强调通过具体的事情,如洒扫、做活、待人等方面,使子女了解和掌握基本的道德伦理,从而养成良好的习惯,如在《朱子家训》中写到了培养子女勤俭习惯的要求,"一粥一饭,当思来处不易;半丝半缕,恒念物力维艰"。古代先民注重从小开始,从日常生活中的小事培养子女勤俭的习惯。《〈大学章句〉序》一书中有"人生八岁,则自王公以下,至于庶人之子弟,皆入小学,而教之以洒扫、应对、进退之节,礼、乐、射、御、书、数之文",对关于儿童衣着、礼貌、洒扫等各个方面要进行实际训练。另一方面,非常重视父母的示范作用,并且将子女的行为规范和道德品质作为家庭教育的根本。在《颜氏家训·治家篇》中有记载："夫风化者,自上而行于下者也,自先而施于后者也。是以父不慈则子不孝,兄不友则弟不恭,夫不义则妇不顺矣。"在家庭教育中,德育培养要求父母以身作则,通过自身的良好品德和行为习惯来影响、感化和熏陶子女,父母言传身教,以身作则,为子女树立了榜样。

第二,学堂教育。与耕读文化伴随发展的是教育方式也在逐渐改变,从"钻木取火"到"教民以作",进一步到"制耒耜,教民农作",并从"结绳而治"又转为"易之以书契"。在新石器时代,产生了传授和学习知识的机构,也是学校的前身,即"成均"。到了夏朝的时候,出现了严格意义上的学校,《孟子·滕文公上》中记载:"设为庠序学校以教之……夏曰校,殷曰序,周曰庠。"这时的学校是官办性质。西周时期,学校的教育渐渐发展成为国学和乡学。国学为贵族垄断,乡学则是士人和平民的子弟。春秋战国时期,社会动荡不安,官办教育开始衰落,私学渐渐兴起。中国私学第一人孔子提出"有教无类",主张教育公平,不论富贵、贫穷都可以享有平等的教育机会,使受教育的对象从贵族阶层扩大到普通百姓。

我国古代社会当中开设于家庭、宗族或乡村的民间教育机构——私塾是我国历史上持续时间最长、数量最多、分布最广的一种教育形态,为耕读文化的传播起到了十分重要的作用。汉代以前,私塾的教学内容主要包括识字读书、人伦教化以及基本的生活技能教育,随着科举制的逐渐确立,唐宋以后,私塾的教学内容多为科举考试打基础,私塾的学生学习方式多为跟随老师诵读,对内容理解方面没有太多要求。此外,私塾老师也会教授数学、写作等内容,帮助学生全面提升自己的知识水平。私塾在中国教育历史上有着重要的地位,它为众多读书人提供了接受教育的机会,基础教育内容也为学生的人生道路提供了重要的指导,包括识字读书、人伦教化以及基本的生活技能教育。时至今日,私塾已经退出历史舞台,但其传统的教学方式和注重基础教育的理念仍然值得我们借鉴和传承,私塾所注重的道德教育也为我们今天的家庭教育提供了重要的参考。

总之,耕读文化的传统一直延续到明清时期。清初北方大儒颜元则主张"垂意于习之一字",还以"习斋"为号,主习事,主事功,讲实用,要求学生必须学习农学、钱谷、水利等知识,"凡为吾徒者,当立志学礼、乐、射、御、书、数及兵、农、钱、谷、水、火、工、虞"。在教学方法上,更注重"习行",即亲自去观察,亲身去实践,以获得真知,"心中醒,口中说,纸上做,不在身上习过,皆无用也"。同时,他还特别强调劳动之于修身的重要性,明确提出"劳动"一词,"君子处事也,甘恶衣粗食,甘艰苦劳动,斯可以无失矣"。而他本人即"用力农事,不遑食寝""耕田灌园,劳苦淬砺"。弟子李塨亦"以力田不足以养亲,兼识医卖药"。颜李学派学行一致,在当时产生了重大影响。耕读文化在传播发展过程中,古代思想家开始渐渐重视学堂教育的实践内容,但受到正统文化的影响,古代学堂的劳动教育与现代劳动教育相比较,古代的学堂教育更侧重于价值观层面的教化,而非实践。

第三,世职文化。在古代社会,手工业是主要的生产方式,手工艺者掌握了制造商品的技术和工艺。由于技术的秘密和劳动成果的私有化,工艺匠人逐渐形成了一种独特的阶层,他们的技术和财富被世代相传,并通过世职制度限制外人进入,确保技术和产业的稳定传承。春秋时期管仲提出的"士之子恒为士""农之子恒为农""工之子恒为工""商之子恒为商""父传子,兄传弟",技艺以"箕裘相继"模式世代延续,这种世职传承虽有一定的局限性,但在某种程度上也保持了技艺的完整与原真,同时也成就了行业纵向的传播与发展,突显了行业发展的专业性和深度化,使得手工业的技术和质量在相当长的时间内保持了较高的水平,成为古代社会中不可或缺的一部分。

第四,师徒文化。在古代,劳动与教育是合一的,在生产劳动中,由年长者向年轻的一代传授自己的拿手技能,这是古代师徒制的发展萌芽,也是手工业时代技术传承的一种主要模式,广泛存在于文化、艺术、技术传承等方面,到今天仍盛行于木工、焊工、剪纸、曲艺等专业行业领域。古书中记载有很多通过这种方式培养出来的优秀人才,其中有战国时期的扁鹊,师从长桑君,得其绝技而成为妇孺皆知的神医。中国古代工艺传承中的师徒制,不单单是技艺的学习与传承,更糅合了儒家的孝道观和尊师传统,形成了极富特色的技术文化与工匠文化。《吕氏春秋》中记载:"物勒工名,以考其诚。工有不当,必行其罪,以究其情。"发展到唐朝的时候,"勒名制"便作为一项强制性制度写入唐律,凡是制作兵器、陶瓷、金银器等工匠,都必须在他们所制造的作品上勒刻下自己的名字,以示对产品质量的担保,之后在"勒名制"的基础上又发展出"商标"制度,不难看出中国古代的工匠们异常珍视匠人的信誉,这也正是传统工匠精神的体现。

第五,工匠文化。"工匠精神"源于"工匠","工匠"在古代被称为"百工",特指掌握某种技艺的手工从业者,鲁班、李冰都是"工匠"。《考工记》关于"工匠"的记载有很多,其中明确对"工匠"的职责内容进行界定,"工匠"不仅要对自然物料的形状和性能有充分的了解,同时自身的手艺也要精湛,加工出来的器具和设备要能够为人所用,满足使用者的需求。古代社会当中对于工匠的专业性、重要性和创造性已有相应认知。"工匠精神"要高于"工匠",也是工匠文化的核心内容。通过对文献的梳理,本书认为工匠精神的内涵接近于"道德修养",主要包括敬业、精益、钻研、专注、创新等内容。①敬业是指工匠本身对自己所从事岗位的热爱,在工作中能够做到认真负责,正所谓"干一行、爱一行、钻一行"。②精益就是精益求精,这里更加强调工匠的专业态度和技能,追求极致与完美,坚持"匠心创作"。③钻研是对手艺的坚持与恒心,不怕苦不怕累,能够持之以恒。④专注是指做事情的投入度与关注度,集中全部精力投入一件事情当中。⑤创新则是对事物的突破与发展。这些不仅是当时教育中所推崇的精神,也是我们当今所认可的工匠文化内涵,具有深远的意义,推动和引领着时代的发展。

我们要看到古代耕读文化传承和劳动教育存在的消极因素,比如技艺传承的封闭性、人身依附关系、有技术无科学、不利于社会流动等,我们应该在劳动教育的发展过程中,注重改革和创新,吸取历史经验和教训,认真总结中国古代非精英阶层的劳动教育实践的经验和优点,建立科学、完善的劳动教育体系,提高人们的劳动素质和创新能力,为社会和经济的发展做出积极的贡献。

第二节
西方的劳动教育理论

西方思想史关于劳动问题的讨论一直不断,从希腊诗人赫西俄德简明的劳动观,到亚当·斯密等经典经济学家提出的"劳动是人类财富的来源",再到现代西方系统化的劳动学说,劳动观念也经历了巨大的转变,从最初的"诅咒",到后来的"财富之父",再到后来的"劳动创造了人类"。本章通过对西方劳动思想进行系统梳理,以拓宽劳动教育研究的角度与视野。

一、古代朴素的劳动思想——"诅咒、惩罚"的印记

赫西俄德,希腊最早的作家,在他的长篇诗歌《工作与时日》中谈到劳动:"最初,人族与众神同出一源,人族各部族本来和平相处,过着没有罪恶,没有劳累,没有疾病的世外桃源,但因为普罗米修斯的诡诈,使宙斯蒙受了愚弄;宙斯一怒之下,制造了一出人间惨剧,劳作是神灵对人类的惩罚,他们日复一日地劳作,忧心忡忡,日复一日,他们的死亡接踵而至。"反映出远古时期劳动的起源——神灵对人类的一种"惩罚"。

在古代,劳动是依靠自然,发展程度很低,不能改变人类的生活状况,仅仅维持生存,而且极不公平,只有那些"低贱的"人才会被强迫去做一些非常规的、没有任何报酬的工作,而那些被称为"上等人"的人,却没有任何义务去做任何事情。亚里士多德把生产劳动与实践和理论思考相比较,把劳动看作是一种最卑微的生活方式,在《旧约》中,"劳动"指的是人为获得救赎而付出的忍耐和牺牲,它暗示着人不能脱离某些宗教,而只能靠"劳动"来拯救自己。

二、古典政治经济学的劳动思想——社会财富的源泉

英国古典政治经济学之父威廉·配第提出劳动与财富的关系:"土地是财富的母亲,劳动是财富的父亲。"他认为劳动是一种普遍的、能动的、创造

性的、不可取代的要素,是一种以生产货物所耗费的劳动为衡量货物交换的基本尺度。约翰·洛克是威廉·配第劳动价值理论的继承者,并对其进行了进一步的发展。约翰·洛克从对财产权的保障入手,提出了"只有劳动才能产生财富"的观点。威廉·配第、约翰·洛克等提出了简单商品经济理论,一方面宣称,劳动才是价值的源泉;而在另一方面,则竭尽所能地坚持私有制,没有将资本与劳动分开并成为对立的关系。在工场手工业的发展过程中,劳动与资本发生了对立与分裂,资本主义的生产关系逐步形成并发展起来,只能在市场上交换,只有这样,才能使个人的劳动转变为公共的劳动,从而使商品的价值得以实现。

英国经济学家亚当·斯密创立劳动价值学说,提出"劳动才是所有商品交换价值真正的计量单位",一件东西的真正价值,就是为了得到它而付出的努力和困难,也就是劳动。亚当·斯密的忠实信徒大卫·李卫·李嘉图是亚当·斯密劳动价值学说的继承者,并提出"相对劳动价值"的概念,简单地说,就是"产品的价格由生产所需要的相对劳动数量决定"。

三、黑格尔的劳动思想——自身在塑造世界时的外化

德国古典哲学的代表人物黑格尔从人类与动物对自身需求的不同出发,对劳动进行阐释,并揭示其性质。劳动过程对于人类来说是区别于动物的,动物劳动仅仅是利用大自然来满足它自己身体的需求,而人类劳动是人类认识自己和改造世界的途径,人的精神劳动使人的各种需要得到更持久的、普遍的满足,而且使人的精神劳动具有了持久的、独立的客体。

四、马克斯·韦伯的劳动思想——资本主义精神的实质

德国社会学家马克斯·韦伯在分析西方文明史的基础上,提出了以劳动和生产为取向的社会发展观,他认为现代西方城市的发展以及整个西方文明的进步,是以"以劳动为中心,以生产为中心"进行的,是由劳动形式的改变所导致的社会—经济结构的演化决定的。在他看来,古代西方社会存在着二元形式的劳工,即自由劳工与非自由劳工共存,具体而言,就是"自由劳工",即古代城市中的自由人所从事的劳工。劳动形态的改变,也就是从

"不自由"到"自由",甚至"合理"的"自由",导致了社会结构的改变。在此基础上,韦伯又进一步阐述了资本主义精神与劳动的联系,并指出资本主义精神与其产生和发展有内在联系,现代资本主义是以合法的手段来追求物质上的财富,同时又不贪图个人的快乐,它的本质就是将劳动看作一种美德、一种责任,获得财富并不是一件坏事,它能让人光荣于世,在此基础上,韦伯提出了以人为本的自由劳动的观点。

五、埃米尔·涂尔干的劳动理论——劳动与社会道德秩序的重建

与马克斯·韦伯将"劳动"与"资本主义"的精神直接关联不同,法国社会学家埃米尔·涂尔干对"劳动"与"社会凝聚力"之间的关系进行了细致的研究与分析,将"劳动"与"现代资本主义"相关联。他认为,共同的信念和价值观不再是使我们与社会保持联系的纽带,而是使我们与社会更加密切地联系在一起,而且,社会的团结或说社会的凝聚力,都是以劳动的分工为基础的。他指出,"社会组成的本质特征,也是由劳动的分工所确定的"。

埃米尔·涂尔干又提出,劳动分工最重要的意义,并不是通过区分职能来"提高生产率",而是"使各种职能更加密切地联合起来"。劳动分工所产生的好处,不仅是单纯的经济利益,其本质是它所形成的社会与道德秩序的化身。只有通过劳动的分工,个人才能从各自的孤立中走出来,并与他人建立起密切的关系。只有劳动分工,才能使人团结一致,而不是各自为政。所以,唯有劳动分工,才能在人与人之间建立起一种坚固的关系,其功用并不仅限于临时的互相帮助,而是广泛而深刻的。

六、托斯丹·凡勃伦的劳动理论——劳动与社会文化的变迁

美国经济学者托斯丹·凡勃伦,是西方制度经济学的奠基人,他通过对两个系统的剖析,来揭示私有财产下的劳动观念和有闲人阶层之间的联系。托斯丹·凡勃伦指出,在私有制产生之前,个人不但把劳动当作生活的费用,而且还当作一种荣耀,不存在闲人阶层,随着财产私有制的兴起,以及人

民由"和平"向"好战"的生活方式的改变,闲人阶层诞生,从而引发了社会价值观的变迁。伴随着有闲人阶层的崛起与发展,"禁工"再次形成了一种社会风气,而且,闲人阶层的财富并非靠劳动来获取,而是靠"光荣"地掠夺与抢夺来获取,抛弃劳动成了一种体面的符号,一种富裕的表征,相反,从事生产性的劳动则成了一种贫穷、卑微的表征,因此,劳动就必然带有一种不光彩的色彩。从这一角度来看,在私有社会中,对生产性劳动的贬低与对非生产性劳动的推崇,已经构成了私有社会中个人个性与自我价值的一种扭曲。

七、当代西方劳动理论——解读当代社会世界的视角

随着现代西方社会结构和劳动模式的改变,20 世纪 60 年代以来,西方理论界涌现出了许多关于劳动的论述,并在此基础上发展出了较为系统的新型劳动理论,以应对现代社会的新变化,形成了各自独特的劳资学说、劳资理论等。以德国哲学家尤尔根·哈贝马斯为代表性学者,在传承传统劳资理论基础上提出了"工具性劳动"的概念,创建"社会交流"理论,试图从"社会交流"的角度来阐释真实的社会世界。法国社会学家让·鲍德里亚通过对当代社会的批判,建立了"符号化"的劳动与"符号化"的交流理论。奥地利现代管理学之父彼得·德鲁克、丹尼尔·贝尔等人提出"知识劳动"与"知识社会"的概念,并将"知识"作为社会运作的中轴线。

另外,德国社会学家乌尔里希·贝克提出了"劳动社会的终结",英国社会学家齐格蒙特·鲍曼提出了"游戏"的劳动,德国思想家汉娜·阿伦特提出了"劳动动物"的概念和理论。现代西方社会理论家的"劳动"观念与"劳动"理论,尽管其所依据的社会理论角度不尽相同,但其共同之处在于,它们都将"劳动"置于社会结构与社会运作的动态体系中进行考察;它是对人类社会发展的普遍规律的一种探索,是对人类社会发展的一种宏观认识。与此相伴随的是,"劳动"这一概念已成为现代西方社会学家对现代社会世界进行解释的一种重要方法。

第三节
马克思主义劳动教育理论

马克思的劳动价值论中的劳动指的就是生产劳动,也是创造价值的劳动,在劳动价值论中起着关键的作用,是"了解整个政治经济体系的轴心"。马克思劳动价值论不仅是马克思政治经济思想和马克思主义哲学的根本,也是建立科学社会主义的根本,对于当代建设有中国特色的社会主义,无论在理论上还是在实践上,都有着重大的指导作用。

一、马克思劳动价值论

马克思的劳动价值论对商品的性质及其运作进行了较为深入的阐述,并将"活劳动"作为价值创造的决定性因素,为"剩余价值论"提供了理论依据。马克思的劳动价值论,既是一种有价值的理论,又是一种有价值的社会形态,对当今社会仍有很强的现实指导意义。

(一)马克思劳动价值论的主要内容

1. 劳动是社会历史现象

《资本论》对劳动的界定是这样的,即人与自然界的相互作用,以及人通过自己的活动来调节和控制人与自然界的物质交换。就像裁缝做衣裳,铁匠做器皿,都要经过劳动,才能产生商品的实用性,把所生产出来的东西当作商品卖出去,东西就是价值的实体,也是抽象的劳动的凝聚。因此,劳动具有二重性,它既是一种具体的劳动,也是一种抽象的劳动。马克思从具体到抽象,从分析到综合,对商品生产中劳动的二重性进行了研究,并指出,商品生产中的异质,具体劳动向同质、无差别抽象劳动的转变,是由商品经济关系所决定的,因此,作为一种价值实体,人的劳动是一种历史现象,它是一种社会历史现象。

2. 货物是利用价值与使用价值的对立统一

商品是利用价值与使用价值的统一。马克思把物质的有用程度称作"使用价值",而"使用价值"就是通过特定的劳动而获得的。一个生产者所生产的产品,不管是为自己所用,还是为消费者所用,都有其使用价值。所有非自然存在的物质财富因素,都要经过人们特定的需求和特定的生产活动,才能被创造出来。所以,使用价值既是社会上物质财富的承担者,也是交换价值的载体,也是商品的自然属性。从不同的产品中提取出人类所消耗的劳动,尽管其表现形式各不相同,但是都是人脑、肌肉、神经、手工业的消耗,生产出来的商品都是没有区别的人的劳动,因而可以在市场上进行等价交换。价值是凝聚在商品上的人的劳动。价值是通过抽象劳动而产生的一种社会属性。劳动的两重性与商品的两个要素是密不可分的,劳动的两重性决定了商品的两个要素,而后者又是商品的两个要素的逻辑起点。

3. 价值与价值法则

马克思认为,作为一种商品,其价值大小取决于其所使用的社会必要劳动时间。社会必要劳动时间是指:"在目前的社会正常生产条件下,以社会平均劳动技术水平和劳动强度为标准,生产出一定的使用价值所需的劳动时间。"社会必要劳动时间直接关系到产品的价值,而间接关系到劳动生产率。马克思在劳动理论中,从价值的变化中,发现了市场价值的规律性,货物市场上一定要遵守等价交换的原则,货物生产者就会改进生产工具,提高劳动生产率,从而获得更大的利润,同时又不会被货物市场所淘汰,因此,生产资料和劳动力在各个生产部门中得到了最优的配置,这就是价值规律的作用。

(二)马克思劳动价值论的当代价值

马克思认为,"劳动首先是人和自然之间的过程""如果从其结果的视角,从产品的视角来考察整个过程,那么劳动资料和劳动对象就表现为生产资料,而劳动本身就表现为生产劳动","作为使用价值的创造者,作为有用劳动,它是不以一切社会形式转移的人类生存条件,它是人和自然间物质变换,也就是人类生活得以实现的永恒的自然必然性"。从这一点可以看出,马克思关于"生产"这一基本概念的界定,包含了以下三个方面的含义:首先,生产劳动是人类和自然界之间进行的一种交流;其次,这个交易的过程是有用的;最后,它是一种超越了社会形态的交流,以一种必然的方式进行的交流。

马克思在对资本主义的生产过程进行了研究后,进一步提出:"生产劳动是一种直接增值资本主义的劳动,或直接生产剩余价值的劳动,也就是,它是一种没有向工人,也就是劳动完成者支付等价物而实现在剩余价值中的劳动,它就表现为剩余产品的劳动;所以,生产劳动就是作为资本自身增值的要素,也就是作为剩余价值增值的劳动力。"生产劳动是创造价值的主体,它的性质取决于社会经济形式。在资本主义社会中,生产性劳动仅仅是为了创造剩余价值,即为创造资本主义生产关系而创造的劳动。

马克思把历史唯物主义作为批判的武器,从最基本的商品这一基本的要素入手,揭示整个资本主义社会的本质矛盾和它的运行规则,从而形成了一套科学的劳动价值理论体系,为马克思主义的发展奠定了基础。《资本论》以"劳动价值论"为理论依据,马克思关于"资本主义""解放、自觉"的伟大理想,其中蕴涵着丰富的"劳动伦理学",其构建逻辑与价值取向,为中国特色社会主义的建设提供了源源不断的精神力量与理论养分。

第一,要坚持"以人为本"的基本原则。"坚持以人民为中心的发展思想,这是马克思主义政治经济学的根本立场","在安排经济工作,制定经济政策,推动经济发展,都必须坚持这个基本立场"。马克思政治经济学自创立之日起,就旗帜鲜明地站在无产阶级和广大劳动人民的立场,剖析了资本主义的矛盾运动,揭露了资本家对他们的剥削,并对他们是资本主义的"掘墓人"这一事实进行了科学的论证。"以人为本"是以生产资料公有制为前提,这是中国特色社会主义政治经济制度的逻辑出发点,也是其基本立足点。

第二,要在公平、公正、公开的基础上,增强人们的获得感。马克思发现了劳动与劳动力之间的不同之处,资本家在商品市场上购买的是劳动力的价格,也就是支付工资,但是,在生产过程中,购买到的劳动会创造出更多的价值,这就是价值增值过程。资本和劳动者之间形成了一种既不公正又不道德的剥削和被剥削的关系。在 2020 年召开的全国教育大会上,习近平总书记强调:"要在学生中弘扬劳动精神,教育引导学生崇尚劳动、尊重劳动、懂得劳动最光荣、劳动最崇高、劳动最伟大、劳动最美丽的道理,长大后能够辛勤劳动、诚实劳动、创造性劳动。"党的二十大报告强调,"在全社会弘扬劳动精神、奋斗精神、奉献精神、创造精神、勤俭节约精神,培育时代新风新貌"。2020年,中共中央、国务院出台《关于全面加强新时代大中小学劳动教育的意见》,站在培养德智体美劳全面发展的社会主义建设者和接班人的战略高度,对切实加强新时代大中小学劳动教育做出全面部署,是构建德智体美劳全面培养的教育体系的重大举措,凸显了党和国家对劳动教育的重视,充分发挥劳动者的价值。还原原本的劳动创造价值,并在尊重劳动主体的基础上,实现真正的公平正义,让劳动人民有更多的获得感。

第三,要向劳动价值回归,弘扬"工匠"精神。劳动具有双重意义:一是从哲学上讲,它既是人的本性,也是人实现自身价值的重要手段;从经济意义上讲,劳力主要是指劳动所生产的物质生活资料。在新的时代背景下,倡导劳模精神与工匠精神,既是社会主义精神文明建设的重要组成部分,又是社会主义核心价值在个人与劳动两个层面上的实践旨趣,同时也是对中国特色社会主义新时代、对马克思劳动价值论的继承与发展,并对其进行创新。幼儿园的劳动教育应该坚持"生活教育"的理念,注重生活的重要性,并选取与幼儿生活密切相关、能够在儿童能力范围内完成的工作。只有让幼儿体验到或能够体验到的劳动,才能有效地激发他们的劳动热情和意愿,让他们拥有劳动能力,更容易获得积极的劳动情感态度,养成良好的劳动习惯。

二、异化劳动与人的全面发展

马克思以"异化劳动"这一概念概括了在私有制中劳动者与其劳动产物和劳动自身之间的关系,并指出,作为人的本性的劳动,在私有制中被异化了。作为马克思主义理论的一个重要部分,异化劳动理论的目的是要对资本主义社会中的资本奴役劳动、物统治人等各种缺陷进行批判,提出一个可以扬弃异化,实现人的自由、全面发展的社会理想。

(一)异化劳动理论的提出

马克思将哲学和政治的研究相结合,提出"异化劳动"说,包括以下内容。

第一,劳动是人的自觉的自由活动,它是人的本性。

第二,在资本主义的私有制中,人们对附属于自身的劳动进行了异化,这就是"异化劳动"。马克思在分析各种异化的劳动时,提出了"强迫的、固定的社会分工"是异化劳动产生的原因,揭示和批评了资产阶级对无产阶级的残酷剥削。

第三,马克思提出只有扬弃固定的社会分工,消除了私有制,促进了生产力的发展,才能使异化的劳动从根本上消失。

(二)异化劳动的四重规定性

第一,劳动者和劳动产品的关系发生了变化。在资本主义社会中,劳动者的劳动成果并不属于劳动者,而是属于与劳动者对立的资本家。但是,资本家付给劳动者的报酬仅仅是满足他们的物质需要,劳动者没有主观能动性,也没有精神上的追求,仅仅是满足他们的物质生活的基本要求,而沦为他们的奴仆或从属报酬。就像马克思在他的政治经济理论中说的:"一个人越是生产出更多的、更多的商品,他越是贫困。""劳动者生产的产品愈多,就愈便宜。物界的价值与人界的价值成比例。"劳动者在大规模生产之后,仍然陷入极度贫困,他们无法从资本主义的剥削中解脱出来,他们必须以出卖自己的劳动来维生。

第二,人们脱离了生产。马克思把人的本性看作是一种自由的、有意识的活动,也就是劳动,人在劳动中应该感受到的是快乐和幸福,而在资本主义的生产方式中,劳动却是对人性的摧残、剥削和灾难。但是,正如马克思所说的那样,"异化不但体现在结果上,还体现在生产行为上,体现在生产活动本身上"。因此,对于劳动者而言,劳动是一种外部的事物,它并不属于劳动者,劳动者在劳动中不是对自身的肯定,而是对自身的否定,劳动者只是以一种机械的方式工作,为资本家提供更多的商品,从而产生更多的剩余价值,这种劳动并非劳动者的自觉行为,而是一种为满足物质需求而进行的强制劳动。

第三,劳动者的"类"本性与自己的"类"本性不同。马克思认为,人是一种类型化的存在物,人们在自由、自觉地进行活动,并充分地发挥自己的主观能动性,从而使自身的价值得以不断地实现,同时也为社会创造了财富。劳动是人类的"类"本性,人们在劳动中体会到了快乐,体会到了自身的价值,通过劳动来证实自己的存在。在资本主义私有财产的强迫分配下,劳动者的工作是被强迫的，而不是一种自由的、有意识的工作，它只是一种维护物质生活的工具；劳动者的主观能动性被湮没，劳动者仅仅是像动物那样单纯地满足生理需求，人的"类"本性消失了，人只是"兽"的本性；人的"类"本性与"人"相反，"人"已经不是"人"了。

第四，人和人的区别。人同自己的劳动产品、自己的生命活动、自己的类本质相异化的直接结果就是人同人相异化。当一个人和自己对抗的时候，他也和别人对抗。工人为了生存，为了获得出卖劳动的机会，使他们与其他工人相异化。劳动者和资本家之间仅存在着一种利害关系，劳动者仅仅是为满足自身的物质需要而服从于它，从而使劳动者和资本家之间产生了异化。大资本家为了获取更多的剩余价值，不断地对小资本家进行吞并，使他们相互分化。马克思把"人"与"物"的关系提升到"人"与"人"之间的关系，并对资本主义制度的不合理性进行了批评。

(三)马克思劳动异化论的启示意义

第一，要深刻理解社会主义的本质。马克思认为，只有当人类社会发展到一个人人都能获得自由和全面发展，即生产力达到高度发达，私人所有制消灭，劳动成为生存所必需，异化劳动才能消除。社会主义的商品生产和资本主义的商品生产，有着根本的不同，所以，也就有了性质上的不同。社会主义商品生产的性质，以人为中心，在社会主义公有制的支配下，人们的生产活动并没有出现"人"与"物"的对立现象。人与人的关系是指在相同的社会利益群体中人与人之间的关系。每一个参加社会主义生产的人，都是"有中国特色的社会主义事业的建设者"，所以，建设有中国特色的社会主义事业，就是每个人的共同利益，也是每个人的理想。这样，人与物、人与人之间的矛盾，就可以通过社会主义国家的调节或自发的调节来缓和。

第二，要坚持"以人为本"的发展理念，加强人的主体性。要根除异化，就必须破除私有制，破除强制性的、固化的社会劳动分工，坚持以人为本，发展生产力。党的十八大提出了"以人民为中心"的发展思想，要始终坚持人民的主体地位，要充分发挥人民的积极性、主动性和创造性，让人民的获得感和幸福感得到不断提升。

第三，要加强人的精神文化建设，以促进人的自由、全面发展。人的全面发展是指人的身体、智力的全面、协调、充分发展。人的发展与其所处的社会生活条件密切相关,在资本家的私有财产中,劳动者没有任何的精神和文化追求,仅仅是为了生活,旧式分工导致了人的片面发展,机器大工业生产为人的全面发展提供了基础,也为人的全面发展提供了可能,而社会主义制度则为人的全面发展提供了社会条件。把生产劳动与智育、体育结合起来,既是改善社会生产的一种途径,也是培养全面发展的人的一种途径。党的十八大以后,在中国特色社会主义步入新时代的今天,我国社会主要矛盾已经转化为人民日益增长的美好生活需要和不平衡、不充分的发展之间的矛盾,需要加强人们的精神文化建设,不断满足人们对于更高的精神和文化的需求,如追求公平、公正、民主等,促进个体的自由和全面发展。

三、马克思的劳动理论

(一)劳资理论的解读

马克思是一位伟大的劳资理论的大师,现代各种不同的劳资哲学都是在同马克思的劳资哲学进行交流与碰撞中得到发展的,马克思的劳资理论为我们在新时代探索劳动教育的价值奠定了坚实的理论基础。马克思认为:“劳动”这一概念并不只是一个简单的经济学、人类学、社会学或者生物学的概念,它还是一个更深层次的概念,从人的生活活动、人的存在方式等方面来认识的,对于马克思劳动观念的解读,要从人与自然、人与社会、人与人之间三个层次进行。

第一,人与自然的关系层次上的劳动。马克思认为,人的第一个特征就是一种自然的存在,他是一种“现实的、肉体的、站在坚实的、呈圆形的大地上的人”,为了生存,他必须满足自己的所有实际的需求,比如吃、喝、拉、撒、睡等,要想维系自己的生活,人们就得进行劳动,利用所有的自然力来占有和改造自然的东西,把自己的劳动固定下来,物化在一定的对象上,从而满足自己的生活需求。人类只能以劳动为媒介,在人与自然界进行物质交换,从而达到自己的存在,马克思将具体的社会形态置之度外,将劳动视为不以社会形态为转移的人类生存的条件,它是人们为满足自己的口腹之欲、安身立命之所等现实的物质生活需要,而对自然物的占有,也就是说,劳动是使人类能够生存下去的一种永久的自然必然性。马克思把劳动看作是“一个社会从自然力量的控制中解放出来"的开端,它通过创造活动来建构适合于人的生活的客体世界,它把人从自然界中带了出来,这是人的一种内在本质的规定性。劳动的第一个层面,也就是人与自然的物质交流的过程。他的目标也已经达到了。在此过程中,劳动不仅是人类生活活动的需要,也是人类自身的创造,从而使人具有区别于动物的主体性。

第二,人和社会的关系层次上的劳动。从人和自然这一维度来看,劳动是人和自然之间的一种物质转换,但是,作为一种独特的社会实践活动,它并不是一个单独的个体所进行的一种生产活动,它也不是一个与社会相分离的过程,人和人的社会关系是由劳动自身所形成的。如果人与人之间没有某种社会关系,一个独立的个人就不能改造自然物,满足自己的生存需要。由此可以看出,人类的社会关系并非内在的、外部的或强迫的,而是内在于人类的劳动,不是对人类实际的实践活动的超越。人与自然的关系、人与人的社会关系,是同一生产过程中不可分离的两个方面,它们不受一切社会形式的影响。

从人与社会的关系角度来看,人类的劳动实践既不能脱离社会,也不能脱离自然。马克思把劳动看作是一种有目的性的行为,它不是一种独立的人和一种抽象的自然现象的简单组合,它是一种存在于特定社会关系中的人创造价值的有目的性的行为。他认为,人的本质"不在于人的胡须、人的鲜血、人的抽象的身体、而在于人的社会性"。人类的劳动不是孤立的、单纯的自然状态,而是在某种社会关系中进行的,它使人类的社会关系越来越紧密。

第三,人与人之间的关系层次上的劳动。古典经济学家们把劳动局限于一种创造物质财富的方式,而马克思在这方面取得了突破性进展,他指出,创造物质财富并不是劳动的最终目标,劳动更重要的目标是通过"自由的、有意识的活动",去"占有自己的完整的本性",从把劳动看作人的本质的角度,对人在劳动过程中的创造和发展进行了深入的阐释。他认为,人在"对外在的世界产生影响,对自己产生影响的时候,也会对自己的世界产生影响"。他把自己与生俱来的潜能发挥到了极致,并把它的作用完全掌握在自己的手中。劳动作为一种"自我居留的行为",不但以人的对象行为确立了人的本性,并在人与人的行为中确立了人的社会关系,而且还在此过程中促进了人的自我的创造与发展。

马克思以人的对象性活动为切入点,对劳动进行了审视,并指出人是通过自觉地改造自然事物,使自己的基本力量客观化到对象上的,是人展示、实现或创造自己的过程。没有客体,人将丧失自己的生命,没有客体的行动,人将不能肯定自己的本源力量,马克思创造性地提出"生产是我们本质的一面镜子",它不但是人类获取物质生活条件的先决条件,更是人类通过劳动来创造并证实自己的存在,在劳动中提高个人的审美水平和道德判断能力。人是在劳动中创造自己的,又是在劳动中发展、充实自己的。

(二)劳动的本质特征

通过考察马克思"劳动"的"三重含义",可以发现,马克思在哲学本体层面上揭示了"劳动"的本质,具有如下特征。

第一,劳动是一种有目的性的客体化行为。马克思指出,"蜜蜂建造蜂巢的能力,让地球上的很多建筑师都自愧不如"。然而,最拙劣的建筑师与最聪明的蜜蜂相比,却是在他用蜂蜡建造蜂巢以前,先在他自己的脑海里建造好了这个蜂巢。人的劳动与动物的无意识的劳动不一样,人的劳动既有明确的目的性,又没有主观上的随意性;这里所说的主体需求并不只是个人的自然生理需求,更多的是马克思所谓的"类本质"的需求,人在劳动的过程中,使劳动目标化、物化,从而达到了"类本质"的客象化。

第二,劳动是一种运用工具来改变外在世界的具有创造性的实践活动;在改造客观世界的生产活动中,劳动工具是将劳动者和劳动对象联系起来的中介结构,它是将客观规律融入到人类主观需要之中,促使因果性向目的性转化的关键环节。工具是工人身体的一部分,是人的能动性与创造性的体现,使人与动物世界的距离越来越远,不断拓展着劳动的深度和广度。

第三,工人通过对外在世界的改造来达到对自己的认识与改造。在对客观世界进行改造的过程中,劳动者从他所创造的客观世界中,有意识地对自己进行认知,并对劳动的目标和人类的本质进行了深刻的思考,从而使自己对自己的需求和客观规律以及它们之间的关系有了更深层次的理解。人们在自己的工作中,不但能够使用"自身尺度",而且能够更加全面、深入地理解并使用"两种尺度",根据"美的规律"对外在世界进行改造,并根据"美的规律"对自己进行改造,以激发自己内在潜藏的潜力,进而达到自我不断提高的目的。

第二章
幼儿园劳动教育概述

马克思主义认为:劳动创造了人,劳动是人类最基本的活动,是人类区别于其他动物的标志,通过劳动,人类不仅改变了自然界,也改变了自己。劳动既是自然又是社会的活动,是人类生存和发展的基础和动力,是人类本质的重要组成部分。

第一节
幼儿劳动教育内涵

劳动是什么？劳动与人类社会，与每一个人的关系如何？现代幼儿劳动教育的功能与意义又是什么？这是幼儿园劳动教育实施前需要考虑的问题。

"劳动"一词在《中国大百科全书·哲学卷》中的解释是："人类特有的基本的社会实践活动，也是人类通过有目的的活动改造自然对象并在这一活动中改造人自身的过程。劳动体现了人与自然、人与人两方面关系的统一"。在不同的社会制度中，劳动的社会属性是不一样的。在奴隶制、封建主义和资本主义制度下，工人的劳动有奴隶制、农奴制和雇佣制三种形式，属于被剥削劳动。社会主义公有制使工人成为国家的所有者，也使他们摆脱了被剥削的命运。进入共产主义后，劳动不仅是谋生的手段，而且将成为生活的第一需要。

一、劳动的含义

劳动，作为一种特定的人类实践活动，通常是指对物质和精神财富进行创造的活动。在社会学领域，马克思将劳动定义为劳动力的使用或消费。从历史唯物主义的角度来看，人类社会是以劳动为基础的，即"劳动创造了世界，劳动创造了历史，劳动创造了人自身"。

二、幼儿劳动教育的意义

幼儿通过参加劳动教育既能培养劳动精神，又能促使幼儿社会化，是幼全面健康发展的有效途径，对幼儿未来发展具有深远意义。

(一)传播劳动文化

劳动文化是劳动教育一个不容忽视的组成部分,让幼儿了解我国悠久的劳动文化,促进幼儿对劳动内容的了解,是学好劳动教育课程和提升综合素养的基础。通过对劳动文化的学习,初步培养幼儿的历史使命感,培养幼儿劳动意识和情感,让幼儿树立初步的劳动观。

(二)提升社会适应性

劳动的本质作用是推动人从自然到社会的逐步发展,劳动教育是促进幼儿社会化的一个重要途径,幼儿在劳动过程中能够学会相互尊重、相互关爱,与社会和谐共处;也可以发展幼儿的自主性,促使幼儿积极体验劳动过程和社会活动,提升幼儿的社会适应性。

(三)培养幼儿间的情感

幼儿间的情感交流是团队合作的基础,是提高劳动教育质量的保障,劳动教育能使儿童更好地感知团体活动中的社会气氛,在活动过程中,幼儿可以形成协同奋进、互相体谅的思维习惯,促使身心体魄和智力思维的发展。

(四)初步树立幼儿劳动价值观

幼儿园劳动教育以幼儿的年龄特点为基础,按照"遵循实际、始于生活、基于学情"的原则进行活动设计,将劳动教育的内容和生活环境进行紧密融合,通过丰富多彩的有趣的活动,将劳动教育融入幼儿的日常生活中,使幼儿在劳动体验中,获得充分的操作实践体验和直观感受。在生活中进行劳动,在劳动中感悟生活,初步培养幼儿吃苦耐劳、尊重劳动的劳动观。

(五)促进幼儿的全面发展

人的全面发展是不可能离开劳动教育,儿童在劳动中形成良好的劳动观念和素质,是幼儿园劳动教育最重要也是最根本的目标。《3—6岁儿童学习与发展指南》(以下简称《指南》)认为:"发育良好的身体、愉快的情绪、强健的体质、协调的动作、良好的生活习惯和基本生活能力是幼儿身心健康的重要标志,也是其他领域学习与发展的基础。"幼儿园应在幼儿动手、动脑的同时,培养幼儿热爱劳动、尊重劳动人民及其劳动成果的劳动态度,培养他们不怕困难、敢于尝试和乐于创造等良好的劳动精神,促进幼儿全面发展。

第二节
幼儿园劳动教育的内容及特征

一、幼儿园劳动教育的内容

幼儿处在生长发育的前期,其身心发展尚不成熟,各方面的能力还相对较弱,在新时期,幼儿园劳动教育的主要任务是对幼儿劳动态度、劳动精神等劳动价值观进行培育,并形成良好的劳动习惯。幼儿园劳动教育教学是围绕着孩子们的生活而展开的,主要内容包括以下内容。

(一)自我服务劳动

自我服务劳动,主要是指幼儿将自己当作工作的服务对象,并加以训练,包括就餐时如何摆放餐具、如何自主进餐、如何穿脱衣服等,养成良好的如厕习惯,注意个人卫生,并对自己的物品进行整理。自我服务劳动贯穿在幼儿园一日活动的每一个环节中,在自我服务的过程中,幼儿会对劳动产生浓厚的兴趣,还会养成一定的劳动习惯,同时他们的生活自理能力和独立意识也会在这一过程中逐渐得到提升。

(二)集体服务劳动

集体服务劳动的内容主要有两种:一种是在幼儿班集体劳动,另一种是社区公益劳动。在集体服务劳动的过程中,可以培养幼儿的责任感和做事认真、不怕困难的优秀品质,并加深他们对劳动的理解,形成积极的劳动态度。幼儿班集体劳动主要是幼儿的值班工作,幼儿们轮流做值班工作,并完成值班工作,主要包括:早晨值日、餐桌值日、环境卫生值日等。让幼儿参与到值班的工作中,不仅有助于培养他们为别人服务的能力,提高他们之间的协作能力,还有助于培养他们优秀的工作品质。在社会公益劳动中,幼儿园可以与社区合作,以社区志愿者活动、义卖活动为主,在参与劳动活动的过程中,让孩子们意识到自己劳动所创造出来的价值,从而享受并珍惜劳动成果。

（三）种植、养殖劳动

自然中蕴含着丰富的教育资源，人类对自然的改造是人类最早的创造与发展的源泉。儿童热爱大自然，对大自然充满了浓厚的兴趣，儿童能够在与大自然的接触中，观察、探究大自然的变化，并从中获得丰富的知识。幼儿园可以开展种植、养殖的劳动，为幼儿提供种植、养殖区，让幼儿定期种植各种花草、饲养小动物。让儿童了解植物生长规律，指导幼儿进行松土、定时定量浇水和施肥等，通过种、养等活动，使幼儿树立关爱植物、保护动物的意识，培养幼儿主动探索大自然的兴趣。

（四）手工劳动

幼儿是一个充满好奇和活力的群体，喜欢动手操作各种材料，在手工艺活动中，幼儿可以体验到动手的乐趣，欣赏到自己亲手制作的手工艺品，或者与同伴合作，分享经验和想法，建立彼此的友谊和信任，增强幼儿的自信心和自尊心，为幼儿发展良好的情感和社交能力打下基础。此外，在手工劳动过程中，可以激发幼儿丰富的想象力和创造力，让他们尝试各种可能性，从而培养幼儿独立思考和解决问题的能力，初步培养幼儿的创造力和想象力。

（五）其他愉悦型劳动

愉悦型劳动经常会在儿童的游戏活动中出现，儿童参与的积极性高，同时在劳动的过程中可以一直保持愉快的心情。在这些活动中，孩子们学会模仿成人的劳动，扮演不同的角色，操作不同的工具，体会到劳动带来的乐趣和成就感，从而喜欢劳动，热爱劳动，帮助他们养成良好的劳动态度，实现幼儿身心健康发展。

二、幼儿劳动教育的特征

幼儿劳动与成人劳动有着显著的区别，与成人劳动比起来，幼儿劳动教育具有潜伏性、体验性和时代性。

（一）潜伏性

幼儿园的劳动教育贯穿于幼儿园的每一个环节，对孩子们的日常生活起着潜移默化的作用。幼儿有其独特的身心和认知发展规律,幼儿园的劳动教育不仅体现在课堂上,还渗透在幼儿的生活活动、游戏活动中,幼儿园的班级环境、老师的行为、各种活动都会对幼儿产生潜移默化的影响。幼儿园应把劳动教育融入幼儿的一日生活,渗透到幼儿园的各项活动中,促进幼儿的全面发展。

(二)体验性

与成人劳动教育相比,幼儿园劳动教育更多地关注儿童的情绪体验,更多地关注儿童在劳动过程中所感受到的快乐。从儿童的身体和心理发展的特征来看,儿童对劳动的认识是十分单纯的,他们的劳动是一种自由的、愉快的、有创造性的活动,他们可以将自己的全部身心都投入到劳动之中,享受劳动的过程,而不会去思考劳动的结果和价值。在幼儿的精神世界中,他们拥有绝对的领导权,可以按照自己喜欢的方式,进行自由的劳动,可以在自由的劳动中,感受身体和精神上的愉悦。幼儿园老师要合理地引导幼儿,培养良好的劳动态度和劳动情绪,促进幼儿成长,而不能用外在的标准来对儿童的劳动进行评判,应该重视儿童的劳动体验感,让儿童感受到身体和精神的愉悦。

(三)时代性

幼儿园劳动教育的内容、目的、形式都与时代的发展相适应。在原始社会,劳动教育的主要内容是传授劳动经验,在封建时期,劳动的内容逐渐丰富起来,并与地理、水利、农业等相关知识进行了融合,但是,无论是原始社会还是封建时期,劳动仅仅是对劳动知识和劳动技术进行了传授,此外,劳动被知识分子所轻视,教育与劳动相脱离。中华人民共和国成立后,我国提出了"教育与生产劳动相结合"的教育方针,并在全国范围内广泛地开展了劳动教育。但是,劳动教育的内容仍然以生产实践为中心,把培养建设社会的劳动者作为主要的教育目的。伴随着新时代的发展,目前的劳动教育已经不再将生产知识和生产技术作为主要的教育内容,而是更加重视对劳动精神和创造能力的培养,在新时期,对幼儿园进行劳动教育的必要性也越来越突出,劳动教育也被赋予了新的时代内涵。

第三节
幼儿园劳动教育的功能

一、劳动教育与幼儿发展

劳动不仅是人通过创造物质产品来满足自己的需求的一种方式,是人在劳动的过程中发现自己的价值和追求自己价值的重要方式,还是人实现自由和全面发展的途径。劳动教育对促进幼儿身心健康发展,促进幼儿进入社会生活,有其特殊的意义。

(一)满足幼儿发展的内在需要

恩格斯指出:"动物仅仅利用外部自然界,简单地通过自身的存在在自然界中引起变化;而人则通过他所做出的改变来使自然界为自己的目的服务。"劳动区分了人和动物,让人可以利用环境来发挥自己的潜力。幼儿的身心发展还处在一个不完善的状态,他们想要从不成熟走向成熟,这与他们的劳动是分不开的,劳动是幼儿成长发展的一个重要途径。

马斯洛需求层次理论把人类的需求由低级到高级分为五个层级:生理需要、安全需要、社交需要、尊重需要和自我实现需要。人的基本需求在获得了满足之后,就会逐渐向更高层次的需要迈进,在此过程中,个人的发展也是一个不断进步的过程。马斯洛认为,在寻求社交需要时,人们期望通过与别人的交往来获得别人的关爱。劳动既能促进幼儿的自然生长,又能提高幼儿的自我发展能力,满足幼儿的自然需要。孩子们可以从劳动中获得经验,在与大自然进行密切接触的过程中,会逐渐对客观世界有更深层次的认识,从而提升自己改造世界的能力,并使自己的身体动作持续发展。幼儿是一个从"自然人"向"社会人"转化的不断成长的个体,而劳动又是人类演化的一个重要途径,它既能释放幼儿的本性,又能丰富幼儿的社会性,还能促进幼儿与社会的融合。在劳动教育过程中,幼儿可以了解到社会的运转机制,体验不同的劳动形式,理解社会规则,认识道德规范,满足幼儿内部的社会性发展需求。

(二)培养幼儿品德的有效途径

凯兴斯泰纳认为,在学校教育中,首先要做好三件事:一是要让同学们精通劳动工作,热爱劳动教育;二是要让同学们懂得服务他人,尊重他人;三是要把学生培养成对社会有益的人。随着时间的推移,生产力和生产技术的不断进步,劳动的形式也越来越多样化,人们的劳动观念和劳动意识也在不断地发生着改变。在新的时代背景下,劳动教育在对传统认识进行突破的基础上,与新教育、新劳动相结合,提高了幼儿对劳动的价值认同感。在进行劳动教育的过程中,通过实际的劳动,让幼儿有了独立思考、独立选择、独立操作的机会,还可以让幼儿养成自立的能力,建立起他们的自信心。劳动教育在帮助幼儿培养独立意识的同时,还可以帮助幼儿形成乐于分享、帮助他人的品质,以及学会思考、理性选择的能力。

劳动教育主要是价值观念和情感体验。一方面,在劳动的过程中,孩子们可以学会发现、欣赏和肯定自己的价值,体会到劳动给自己带来的幸福感和成就感,从而培养孩子们对"劳动幸福"和"劳动快乐"的正确观念,并学会将自己投入到劳动中去;另一方面,通过劳动的经历,孩子们可以感受到劳动的艰辛,从而更好地理解劳动的重要性,培养出一种热爱劳动、尊重劳动的感情,并培养对劳动成果的热爱。

幼儿处于培养良好德行的重要阶段,在劳动过程中,他们不但可以享受到自己辛苦劳动所带来的结果,还可以获得一种满足感,激发他们心中的善,让他们的情感得到丰富。

此外,劳动教育还是一种将道德情感转变为道德行为的重要途径,劳动教育用实践的方法,让孩子们了解劳动的规则,领悟在劳动过程中所产生的道德情感。在劳动过程中,对幼儿的道德品质进行考验,用劳动教育来帮助幼儿落实道德规范,促使他们用正面的爱和善良的心面对生活,在现实生活中展现出良好的德行,从而实现内在知、情、意、行的有机统一与发展。

(三)促进幼儿全面发展的重要手段

蒙台梭利认为,教育的目的,在于培养一切有机体的能力,因为孩子的生命,就是他们的活动;因此,我们的目标就是培养幼儿身体的、精神的、有机体的发展。蒙台梭利提倡在幼儿中开展多种感觉活动,以培养幼儿的多种感觉,开发幼儿的全部潜力,并强调劳动教育对于幼儿的身体和心理发展起着不可忽视的作用。劳动教育是道德教育中不可缺少的一环,它与智育、体育和美育紧密相关。劳动是人类认识世界、改造世界的一种重要方式。在劳动的过程中,幼儿不但可以丰富自己对世界的认识,积累自己的生活经验,而且还可以在劳动的过程中,让自己的身体得到更好的发展。劳动对幼儿的品德和心智的发展是非常有利的。通过对幼儿进行劳动教育,可以让幼儿体会到什么是真、善、美,什么是人性的复杂,从而对劳动的社会价值有更深刻的认识。劳动教育为幼儿创造了良好的德育环境,使幼儿的德育情感得到了丰富,并在实实在在的劳动中对幼儿的品德进行了锤炼。苏霍姆林斯基指出,"劳动并非终极目标,它是实现受教育的一系列方面,包括社会、思想、道德、智力、创造力、审美"。劳动可以促进儿童在生活中的知识与经验的积累,培养儿童的创造性思考与能力;劳动可以培养孩子们的道德品质和精神品质,提高孩子的审美能力。通过劳动,可以促进幼儿的身体、心理、行为等方面的全面、协调发展,从而使幼儿逐步成为能够适应社会发展需求的健全人。

(四)培养幼儿实践能力和创新精神的重要环节

幼儿的创造力并不是通过单纯的知识学习和传授而得到的,它是幼儿在持续的实践操作过程中,在与原有经验相结合的基础上发展出来的。劳动教育不仅仅是一种知识的学习,更是一种技能的培养。劳动教育需要幼儿亲自参与其中,将其运用到具体的事情中去。它不仅能够在孩子生活的现实生活和社会场所中展开,还能够让孩子们投入到实际的劳动中去,在动手动脑中,在实践中去创造。通过劳动教育教学活动,幼儿可以通过与客观世界的接触,在具体情境中去操作、去反思、去感悟,持续提高自己的实践智慧,从想做、尝试做,逐渐发展到敢做、会做的程度。劳动教育给幼儿留下了充足的时间与空间,在做中学,在做中提高,为幼儿提供了一块可以在工作中积累经验的"试验田"。同时,劳动教育还通过实践对幼儿的创新精神进行锤炼,使幼儿在面对问题的时候,主动地去探索,在不断地直面问题、克服困难的过程中,培养幼儿不畏困难、敢于实践的良好品质。与此同时,还可以让幼儿在劳动的过程中,体会到创造的价值,体验到创造的喜悦,初步培养幼儿乐于创新、敢于创新的劳动精神。

二、劳动教育与幼儿生活

"教育即生活""生活即教育",教育与生活是辩证统一的,对幼儿而言,教育就是他们生活中的一部分,教育的终极目标也是让他们能够更好地生活。同时,在日常生活中,也存在着大量的教育资源,这也为我们进行教育教学活动提供了宝贵的素材。劳动是儿童生活中不可或缺的一环,它也是儿童与生活之间的一座桥梁,劳动教育强调要与儿童的生活密切相关,要在尊重儿童发展规律的基础上,发掘出在现实生活中具有劳动教育价值的资源,让孩子们更好地了解和领悟劳动教育。根据儿童认知发展的特点,观察到儿童的认知能力还处在初级阶段,儿童主要依靠各种器官对事物的直接感知,通过与事物和他人的相互作用,了解自己所处的环境,在具体的操作活动中得到发展。劳动教育是一种与儿童生活息息相关的活动,劳动教育的内容是从儿童的生活中产生的。所以,幼儿园的劳动教育应该把目光放在儿童的整体生活上,以关注儿童的真实生活为前提,把儿童生活中的资源整合到教育中去。用生活化的劳动教育,让孩子们能够更好地了解和认识劳动,从而去体验劳动生活,培养孩子将来的生活能力。

三、劳动教育与幼儿游戏

"劳动起源说"认为,游戏是从劳动中产生的,游戏技巧是从生产性劳动中产生的。但是,"玩"与"劳动"不同,它是一种独立于"劳动"之外的活动。游戏的实质就是将自己作为一种目标,它对外在的功利目标进行了超越,在游戏中,儿童可以得到精神上的满足,它是一种儿童自发、主动的活动。然而,儿童的劳动和成人的劳动有着本质上的区别。儿童的劳动是一种游戏性的劳动,它的游戏性就是劳动的表现。通过游戏性的劳动,可以让幼儿得到自我的满足,它并不强调功利性的目标,而是将满足幼儿的精神愉悦、自我成长作为出发点。孩子们对游戏充满了热情,兴致勃勃地投入活动中,游戏的过程就是他们工作的过程。在幼儿园中,游戏是一种有效的教学方法,是孩子们的生活中不可或缺的一部分,且贯穿于儿童的劳动之中。儿童的劳动教育应当融入游戏,融入儿童的生活之中。在游戏中,孩子们可以构建出自己想象的世界,从而建立起自己的、独立于客观世界的王国。幼儿园的劳动教育帮助幼儿在真实世界和想象世界中架起桥梁,孩子们在游戏中遵循着社会设定的规则,开展着人类社会的活动,一方面,游戏性的劳动满足了幼儿内心的梦想,另一方面,也让幼儿在劳动的过程中,用自己的双手来实现自我价值认同。在幼儿园劳动教育中,应该注重把游戏和劳动有机地结合起来,这对发挥劳动教育的功能有积极的推动作用,进而促进儿童的精神成长,滋养儿童的心灵。

第四节
幼儿园劳动教育的可行性研究

一、幼儿园开展劳动教育的必要性

班杜拉的社会认知理论认为,儿童之所以能够通过观察和倾听他人的例子来进行学习,主要原因在于,儿童所获取的信息,能够帮助他们观察到在将来的特定环境下,哪些行为可能会对他们的需要有所帮助,哪些行为可能会给他们带来麻烦。在幼儿的学习过程中,通过观察榜样所学到的许多知识是会被遗忘的,所以,幼儿需要它来解决一些生活上的问题时,就不能只进行学习,还必须通过反复的练习刺激,才能将榜样的作用发挥到最大。所以,在幼儿劳动教育的过程中,家长、老师和同伴作为幼儿身边亲近的人,他们的榜样作用是最直观也最容易形成画面符号的,在日常生活中,幼儿接触到的各类劳动工作者、游戏活动中的人物,都可以形成榜样示范作用,从而激发幼儿的积极性,推动他们的社会化发展。

案例:在大班午餐过后,老师需要将盛饭的桌子移开,让幼儿放置床进行午休。但是因为桌子较多,所以需要搬很多趟,所以老师就需要一名小帮手。这个时候,一位小男孩站了出来,并且主动帮助了孩子们。老师用语言对男孩子的行为表示了赞赏,并在放下桌子之后,给了男孩子一个拥抱,以表示鼓励。其他的孩子们看见了这一幕,也都纷纷上前帮助了老师,而老师也对每一个帮助她的孩子们进行了言语上的称赞,并给他们一个拥抱,鼓励他们继续前进。还有几个孩子在做完这一切后,跑过来给老师揉肩膀,表示感谢,其余的孩子也都表示感谢。

案例中,幼儿同伴之间的榜样效应,可以很直接地将劳动教育榜样的示范性表现出来。教师及时的语言奖励,可以使幼儿获得满足感。在被表扬之后,幼儿就等于是得到了正面的刺激,下次同样的事件发生时,他们就会主动帮忙。生活中的小事不仅可以培养幼儿良好的习惯,还可以让他们认识到他人劳动的不易,从而推动他们情感的发展和态度的养成。

此外,劳动也是一种重要的社会交往方式,在劳动的过程中,幼儿社会交往需求会自然而然地得到满足,因此,在开展教学活动的时候,教师与学生之间自然而然地形成了一种社会交往的关系。教师的教学行为为学习带来了知识,从而实现了道德的社会化,同时,在学生接受教育的过程中,他们所得到的反馈信息,促使教师进行教学反思,满足了教师的社会发展需求,互为提高。

(一)教师层面:有利于教师厘清劳动认知

新时代对劳动教育提出了一些新的理念和新的要求。如果教师对劳动教育的认识不足,会造成劳动教育在实践中开展不顺的情况,教师要不断学习,提高对劳动教育的认知,强化劳动技能和素养,在幼儿园教育教学活动中能引导儿童用不同的方式对劳动的价值和意义进行实践和体验,从而促进幼儿健康全面发展。

(二)幼儿方面:有利于促进幼儿劳动价值观的形成

劳动教育是一种面向所有对象的一般教育,其目的是要帮助幼儿形成正确的劳动观和劳动素养。劳动教育与社会实践活动、活动课程之间存在着紧密的联系,在实施劳动教育的过程中,需要与实践及活动相结合。在幼儿园教育教学实践中,要突破传统学科间的条条框框,激发幼儿学习的兴趣,让幼儿在日常生活中参与到实践劳动中,体验劳动的快乐,掌握初步的劳动技能,为未来正确劳动观的树立奠定基础。

二、幼儿园开展劳动教育的可行性

(一)政策指导:高度关注幼儿园劳动教育

为进一步贯彻落实《大中小学劳动教育指导纲要(试行)》,各省、自治区、直辖市纷纷出台了有关如何在幼儿园进行劳动教育的文件。2020年10月,四川省成都市金牛区印发了《关于在幼儿园中进行劳动教育活动的通知》,该通知涵盖了目标、项目、情景、评估等方面。2021年3月30日,广州教育局印发了《关于加强中小学(幼儿园)劳动教育指导意见》,指明了劳动教育的意义、总体目标、工作策略、工作措施以及工作要求,明确地对劳动教育如何开展、开展什么、开展方式进行了系统的介绍,为其他地区开展劳动教育工作提供了范本。南昌市教育局于 2021 年 8 月 5 日发布了《南昌市加强新时代中小学劳动教育实施方案》,并对各个阶段的劳动教育任务进行了细化。各省、自治区、直辖市有关政策文件的出台,为各方面的工作提供了有利条件,促进了劳动教育工作的深入开展。

(二)教学支持:针对内容制定方案

在日常生活中,劳动教育的内容更多地反映在孩子们的日常生活中,更倾向于孩子们的自主性劳动,孩子们的习惯与能力的形成,主要依赖于孩子们在家庭环境中的巩固与培养功能。因此,要加强家园共育,做到幼儿园和家庭劳动教育的一致性,从日常生活学习中,培养幼儿的劳动习惯和意识。对于幼儿之间发展的个体差异性,要针对性开展劳动教育,增加儿童的劳动机会,回归儿童的主体地位,充分发挥儿童劳动的自主性和积极性,促进儿童的整体发展。

(三)立足活动:回归幼儿主体视角

以幼儿的主体视角为出发点,对幼儿的意愿、情绪和体验感进行关注,以幼儿的发展为基础,形成与幼儿年龄特点相适应的劳动教育实施途径与策略,让幼儿在其中得到丰富。在兴趣中学习劳动技能,树立正确的劳动价值观念。比如,运用丰富、真实的活动场景,让幼儿可以亲身体验,教师要对幼儿的兴趣进行观察、倾听,并以幼儿的兴趣和特点为依据,创造出真实的劳动环境。在此基础上,与游戏相结合,教师在这个过程中,帮助幼儿形成明确的责任意识,进而开展各项劳动。在活动的过程中,要把握好劳动的时间与强度,适当的劳动教育可以使幼儿付出努力,并克服困难,让幼儿体验劳动收获的喜悦。如,让幼儿观察树叶,把叶子扫干净,然后把叶子做成图画书,既可以锻炼孩子的注意力,又可以让孩子明白劳动的意义。幼儿园教师要站在儿童的角度上,倾听他们的内心想法,尊重幼儿的劳动经验,鼓励幼儿形成正确的劳动意识,同时,要做好家园共育工作,以幼儿园开展的活动为基础,把从幼儿劳动教育延伸至幼儿家庭日常生活中去,让父母们有意识地为孩子们树立一个良好的劳动典范,培养幼儿初步的劳动技能和习惯。

(四)理论引导:实践经验促进幼儿发展

马克思的实践论认为,在实践中,劳动生产是一种创造,而教育则是一种与生产活动紧密联系的过程,它是一种将物质生产资料和劳动经验作为一种工具来持续传递的过程。人类社会是从人与人之间的劳动交流演变而来的,劳动不仅是社会发展的永恒动力,也是促进人全面发展的重要力量。这样,幼儿就能够在社会生活中进行劳动实践,并进行社会性的发展。

皮亚杰在"发生认识论"中强调,使主体和客体之间产生知识的过程是一种实践过程,人们通过实践获得了知识,从而使思想发生了变化。对图式的理解,从同化转变为创造性的顺应,产生了顺应人的认知水平,才能实现飞跃式的发展,将外在因素与个体之间的关系联系起来,让幼儿能够积极地参与到劳动中来,注重实践,使知识不再是空中楼阁,而是促进个人成长和发展的阶梯。杜威的"实用主义"教育观,认为儿童的经验来源于对生活的实际活动和对周围环境的认识,儿童在学习过程中,实践的经验是必不可少的,必须通过有意义的练习才能获得;真正的个性才能得到培养,幼儿园老师在进行劳动教育的设计与实施时,要依据幼儿身心发展相关理论,充分认识劳动教育对幼儿发展的作用,科学适宜地开展劳动教育教学活动,促进幼儿发展。

第三章

幼儿园劳动教育的目标

幼儿园劳动教育是幼儿园教育中的一项重要内容,旨在培养幼儿的劳动意识、动手能力和实践操作能力。通过劳动教育,幼儿可以在实际操作中获得知识、锻炼身体和培养良好的劳动习惯。本章将探讨幼儿园劳动教育的具体目标,为后续的相应的实施策略打下基础。

第一节
幼儿园劳动教育实施目标分析

一、劳动教育的总目标

教育部下发的《幼儿园工作规程》(以下简称《规程》)、《3—6岁儿童学习与发展指南》(以下简称《指南》)、《幼儿园教育指导纲要》(以下简称《纲要》)等相关政策文件中,明确提出了对幼儿劳动情感的培育,也体现了幼儿园开展劳动教育的必要性。劳动情感,是指幼儿拥有了对劳动的兴趣和意愿,在兴趣和意愿的驱动下,幼儿积极主动参与到劳动的过程中,通过自我建构,运用已有经验和知识去解决新问题,认识和肯定自己的能力,树立自信,继而幼儿会有更加强烈的劳动欲望,良性循环的过程可促进孩子们的知识、技能、情感的发展,从而达到并巩固劳育的目的。以幼儿劳动情感的萌发为中心的幼儿园劳动教育区别于其他年级的学校劳动教育,具有经验性与游戏性特征,使得幼儿的劳动过程变得更加丰富,充满了趣味,从而激发了幼儿对于体验劳动过程的兴趣。据此,本书提出以下幼儿园劳动教育的总目标和核心目标的制定思路。

幼儿园劳动教育总目标是:通过劳动教育,培养幼儿丰富的劳动感情和初步的劳动技能,提高幼儿的社会适应性,为幼儿健康全面发展奠定基础。

幼儿园劳动教育的具体核心目标可以按照以下四个要点进行制定。

第一,培养孩子们丰富的劳动感情。劳动教育是一项长期而复杂的过程,幼儿通过积极参与、体验和反思,培养出良好的劳动态度和价值观,培养幼儿为他人服务、为班级服务的意识,尊重、关心和爱护普通的劳动者,珍惜劳动成果。

第二,培养孩子们初步的劳动技能。幼儿通过劳动,学会使用工具和材料,掌握各种技能和动作,通过劳动实践,能够增强幼儿的肌肉力量,培养幼儿的手眼协调能力,提高幼儿实际操作技能。

第三,要养成积极向上的劳动观念。对于幼儿,劳动精神属于比较抽象的东西,幼儿园开展劳动教育应将重点放在劳动体验上,培养孩子热爱集体、有责任心、诚实勇敢等道德品质,养成静心思考,摒弃浮躁,全神贯注的劳动态度和观念。

第四,要培养好的劳动习惯。劳动教育不能一蹴而就,是个贯穿终生的过程,幼儿园的劳动教育应在父母和老师的指导下,培养幼儿坚持不懈、吃苦耐劳的劳动品质,帮助幼儿培养积极主动参与劳动的习惯,促进幼儿健康发展。

在上述总体与核心目标的指导下,本书提出幼儿园劳动教育的具体目标。

二、劳动教育的具体目标

根据上述四个核心目标,劳动教育的具体目标包括以下四个方面,一是丰富幼儿的劳动情感。二是使幼儿具备初步的劳动能力。三是培育幼儿正面的劳作精神,对劳作有初步的认知,"了解""知道"的劳动精神与幼儿园的教育、教学更相适应。四是培养良好的劳动习惯。劳动教育的具体目标应参考《指南》《纲要》和《劳动教育指导纲要(试行)》等文件,幼儿园教师在幼儿园教育中实施劳动教育的目标设定应有一个清晰的认识,制定适合幼儿身心发展特点的劳动教育目标。

总体而言,无论是总目标还是具体目标,其最终目的都是要为孩子们对劳动的体悟和感知服务,使孩子们在活动中建立起自己的经验,在这种具有偶发性的游戏和学习过程中,目标更应该只是一个实施的意见和方向,是给教育教学提供的参考,而非必须完成的任务。

三、幼儿园劳动教育方法研究

幼儿园应依据不同年龄段的学生的特点,对劳动教育活动进行标准化、规范化、科学化的设计,将劳动精神的培育与劳动习惯的养成,融入到幼儿园教育的各个环节中。

第一,要针对幼儿不同的发展阶段,在幼儿园的教学中融入不同的劳动教育课程。在小班阶段,儿童的语言发展水平比较低,自主性得到了一定的发展,能够选择自己喜爱的活动区域和材料。幼儿园的劳动教育就可以试着在幼儿园的生活区、角色区,重点培养幼儿的生活自理能力,并在幼儿园的学习中锻炼巩固,掌握基本的生活自理技巧。与小班相比,中班的学生在语言能力上有了很大的提高,他们喜爱与同龄人交往,对成年人的世界充满了好奇心,在生活区中,幼儿可以通过角色扮演的方式,对生活中常见的职业进行认知和理解,通过承担不同的劳动任务,与其他儿童进行同伴交流。同时,还可以开展一些群体服务劳动,比如在区角安排值班学徒制,让幼儿来进行班级工作。大班幼儿具有了一定的分析、解决问题的能力,他们更倾向于与同龄人共同工作,因此,在大班的劳动教学中,可以使用室外活动区域来开展校园内的服务性劳动,同时利用种植区与大自然充分接触的独特优势,对创造性劳动活动展开探索,并将重点放在幼儿园劳动教育中,如对劳动习惯的培养、劳动意识的形成等方面,以此来加强与小学劳动教育内容的有机衔接,保持课程的连续性。

第二,对各年龄阶段劳动教育的目标进行规范和明确。劳动教育目标,指的是在幼儿园劳动教育活动中实施劳育所要达到的预期结果,幼儿园的劳动教育课程目标应在幼儿园劳动教育的总目标之下,是幼儿园劳动教育的价值取向的反映。幼儿园劳动教育是一种与集体教学和生活活动相区别而又有内在联系的活动,让幼儿在丰富多彩的区域环境中,通过参与完整的、真实的劳动,使他们有更多的机会根据自己的特点,充分发展爱好和兴趣。幼儿园劳动教育是以促进儿童的全面发展为宗旨的,只有对教育目标进行明确,才可以提升开展劳动教育的自觉性和针对性。

第二节
幼儿园劳动教育目标的理论审视

建立新时期幼儿园劳动教育的课程体系,使劳动教育的课程实施做到目标明确、内容适宜、措施可行和评价科学,提高幼儿园劳动教育的质量,促进幼儿健康全面发展。

一、明确的目标定位——全面性与连续性

在新的历史条件下,幼儿园劳动教育目标应具有全面性。2015年,教育部和团中央联合印发了《关于加强中小学劳动教育的意见》(以下简称《意见》),明确指出了劳动教育在学校教育中的作用和与其他教育目标之间的关系:"以劳育美,以劳创新。"劳动教育并非孤立的一种教育,而是与其他几种教育相辅相成的,开展劳动教育,促进学生的全面发展,是教育工作者的共同理念和工作目标。《意见》在2020年发布时,将劳动教育的目标划分为"思想认识""情感态度"和"能力习惯"三个层次,其中凸显了"思想意识"。要让孩子从小就热爱劳动、热爱创造,用劳动和创造来播种希望、收获果实,也用劳动和创造来磨炼意志、提高自己。新时代的幼儿园劳动教育应该将幼儿一日活动作为基本内容,并整合家庭、幼儿园、班级环境资源,注重幼儿在劳动过程中的体验感,以综合教育为主要内容,通过五育融合,来实现全面育人的目标愿景。

二、适宜的教育内容——生活化与序列化

幼儿认知发展主要依靠的是感情和直觉,课程内容设定不能统一按照固定书本进行,而是根据孩子们的生活和环境来进行设计。我国近代著名教育家陶行知提出"生活教育"理念,幼儿园的劳动教育应该坚持"生活教育"的理念,注重生活的重要性,并选取与幼儿生活密切相关、能够在儿童能

力范围内完成的劳动内容,只有让幼儿体验到或能够体验到的劳动,才能有效地激发他们的热情和意愿,培养幼儿初步劳动能力和积极的劳动情感态度,养成良好的劳动习惯。

幼儿的劳动生活非常丰富,可以按时间顺序对其进行分类,以此提高幼儿园劳动教育的科学性和针对性。根据幼儿的劳动内容不同,可以分为整理类、打扫类、盥洗类、清洗类、烹饪类等。根据幼儿的劳动环境不同,可以分为幼儿园层次的劳动、班级层次的劳动、家庭层次的劳动、社区层次的劳动等。根据幼儿的劳动时间不同,可以分为日常劳动、节日劳动、假期劳动等。根据幼儿劳动服务对象的不同,幼儿劳动可以分为自主性劳动和公益性劳动。

总体而言,幼儿园劳动教育内容的选择需要遵循幼儿身心发展的特点,从自我服务劳动逐渐扩展到公益劳动,从比较简单的劳动逐步发展到有一定难度的劳动,这是一个逐步上升的过程。

三、可行的实施活动——体验感与融合感

受到身心发展特点所限,幼儿要顺利地完成劳动任务,常常需要老师和父母的帮助和指导,在幼儿早期的劳动教育中,不能一味地去追求劳动的结果,而要加强过程体验,让他们在实践中学习使用劳动工具和劳动方法,劳动教育的实施过程更应该体现出"以感受为主,突出体验"。

针对以上要求,可以从以下途径实施幼儿园劳动教育。

第一,将劳动内容和一天的活动有机地结合起来,以保证儿童的自主性,营造自己解决问题并参加劳动的环境与条件,尤其是在生活环节,如盥洗、喝水、穿衣等环节,应根据不同年龄段的幼儿,提出相应的劳动内容和目标。要充分发挥"值日生"的育人作用,通过教师与幼儿共同探讨值日生的工作内容及工作目标,提高幼儿的"自我劳动""自主劳动""公益劳动"等方面的能力。

第二,将劳动和主题教育教学活动有机地结合起来,充分利用重大庆典、主题课程、项目活动等,将劳动内容有机地渗透到孩子们的生活中,让孩子们在自然而然的学习过程中,体会到劳动带来的成就感和愉悦感。

第三,幼儿园的劳动教育应该将环境与劳动内容有机地结合起来,在幼

儿园、家庭和社区等不同场所进行有目的的教育。我们应该充分利用自然环境和当地的劳动文化资源,打造各种形式的劳动活动,例如"厨艺馆""种植区""饲养角""木工坊""布衣坊"等,通过多种形式的劳动活动,让孩子们感受到劳动的乐趣和效用,并传承优秀的劳动文化。

第四,做好家园共育工作,鼓励儿童在家中参与劳动活动,例如通过发放小任务、劳动打卡和劳动微视频展播等形式,让他们积极参与家庭劳动活动,激发他们主动劳动的欲望。此外,将种植园、饲养场、工厂等社会劳动场所的教育作用充分发挥出来,让幼儿通过参观、访问和体验等活动,深入了解劳动的艰辛和科技的进步,从而培养热爱劳动、敬畏劳动、创新劳动的意识与精神。

第三节
幼儿园劳动教育目标的时代定位

新时代劳动价值观以辛勤劳动、诚实劳动和创造性劳动为基本遵循和实践逻辑,积极主动参与劳动实践,协调劳动关系中的各种矛盾,促进人的全面发展和社会的全面进步。

一、以辛勤劳动收获幸福

劳动是财富和快乐之源。劳动是一种快乐,人在劳动中体现自己的价值,展示自己的风采,感受自己的快乐。辛苦工作,就是要埋头苦干、真抓实干、干在实处、干出成果。"干"的精神内涵主要有四个层面:①"想干"的理念,就是要以更强的使命感、更大的干劲、更务实的工作态度,努力当一个新时代的奋斗者,一个社会主义的实干家。②所谓"敢干",就是要有胆识、有勇气、有气魄、有坚韧不拔的毅力,有勇气去做,有决心去做,要勇于去做。③要有"真干"的实践性,要有务实、敬业、勤勉的精神,做到抓铁有痕,踏石留印。④要有"巧干"的本事、要有聪明的才智、要有精明的头脑、要有卓越的才干、要有真才实学、要有大作为、要做好。

二、以诚实劳动立身处世

"人无信则不立",诚信对于个人、国家、民族的生存和发展至关重要。在社会变革与经济变革进程中,诚信劳动是调节社会关系的"润滑剂""稳定器""助推器",它要求劳动者把自己所有的身心精力都投入工作中去,而不是空想和空谈。三百六十个行业,每一个行业都有自己的佼佼者,只要努力工作,不断改进,就可以在普通的工作岗位上作出非凡的成绩。建设规范有序、公平合理、互惠互利的劳动社会,建立和谐、稳定的劳动关系,使整个社会都能以诚信为本。积极构建具有中国特色的和谐劳动关系,对于加强和创新社会管理,保障和改善人民生活,建立社会主义和谐社会,促进经济持续健康发展,巩固党的执政基础,巩固党的执政地位,具有十分重要的意义。

三、以创造性劳动引领未来

劳动本身就是个体展现其价值多样化和丰富性的过程,人在生产劳动中不仅可以改善人与自然、人与社会、人与自身之间的关系,还可以让人突破实际生产劳动的局限,扩展人对自然世界和人造世界的兴趣和想象力,从而激发出对未来社会超越性的理想与目标。

第一,创造性劳动是指在充分发挥人的创造性的同时,充分发挥人的主观能动性,打破已有东西的陈旧的表现方式,并由此创造出新的利用价值的劳动。劳动者在创造并享受着生活所需要的物质产品的时候,也展现出了对精神上所需要的生命价值与意义的追求。创造性劳动在促进人的自由而全面发展,并推动社会的全面进步中,起到了十分重要的作用。

第二,创造性劳动对劳动者的发展提出了更高的要求,使他们成为德智体美劳全面发展的新一代。创造性劳动,不仅是社会发展的外在需求,也是个人发展的自然性的内在要求,它不仅需要劳动者的各种最基本的素质得到全面发展、整体发展、和谐发展,还需要劳动者在各种素质及其内部各种要素的结构组合上追求自由发展、个性发展、创造性发展。全面发展与自由发展相辅相成,有利于促进劳动者整体素质的提升,激发劳动者的劳动潜力,促进劳动者的创新与创造。

第三,创造性劳动是全体人民的共同事业,必须加强对科技知识的普及,科学精神的弘扬,科学观念的传播;提倡科学方法,让亿万人民的创新智慧得到充分发展,创新力量得到充分释放,大众创业和万众创新得到持续发展。

第四章
幼儿园劳动教育的内容

第一节
幼儿园劳动教育内容的选择

2022 年 4 月,教育部正式印发《义务教育课程方案》,将劳动从原来的综合实践活动课程中完全单列,并发布《义务教育劳动课程标准(2022 年版)》。2022 年秋开学起,劳动课将正式成为中小学的一门独立课程,成为 2022 年社会关注教育的一个热点,引起了强烈的社会反响,劳动课程也是家长和专家学者关注和讨论的对象,课程标准的颁布,强调劳动教育不仅是中小学生成长中重要一课,也是幼儿园教育不可或缺的重要组成部分,与 2012 年教育部颁发的《3—6 岁儿童学习与发展指南》中实现"具有基本的生活自理能力"的发展目标一致。幼儿园劳动教育有其特殊性,选择科学适宜的教育内容,是幼儿园开展劳动教育关键一环,本章针对幼儿园劳动教育特点,对劳动教育内容的选定进行探讨。

一、选定适宜的劳动教育内容

教师要根据幼儿的年龄和身心发展的特点开发设计内容适宜的课程。对于小班幼儿,教师可以以自我服务为主要内容,例如帮助幼儿学习自己吃饭、穿脱衣物、将自己玩的玩具和图书放回原来的地方等。对于中班幼儿,可以逐渐引导他们从自我服务为主过渡到集体服务,例如让幼儿轮流当"小小值日生",在餐前、餐后让值日生摆放碗、分调羹、收拾桌面等。对于大班幼儿,可以在小班、中班的基础上,让他们学习自主管理物品,并尝试为周边社区服务,开展整理书包、为大家修补图书、洗杯子等活动。同时,可以通过主题活动、参观劳动场所、认识各种行业的人、尊重他人的劳动及成果等形式来培养幼儿的劳动意识和服务意识。

通过分年龄段的劳动教育,让幼儿从自我服务开始,逐渐过渡到为他人、为集体、为社区服务,这不仅有助于幼儿的身心发展,还可以培养他们的社会责任感和集体意识,为其未来健康成长打下坚实的基础。

二、将劳动教育贯穿幼儿的一日生活

劳动教育渗透在幼儿园各个教育教学环节,贯穿于幼儿的一日生活,体现在生活与学习的点点滴滴,可以通过以下途径开展幼儿园的劳动教育。

1. 结合主题活动,体验劳动成果

幼儿园可以通过"自己的事情自己做"这一主题开展"我会自己穿衣服""我会自己叠衣服""从小做个勤劳的人"等活动,促进幼儿自理能力的发展,体验劳动带来的快乐。如儿歌《能干的我》:"爸爸瞧,妈妈看,我的小手真能干。刷刷牙,洗洗脸,衣服我能自己穿。穿鞋系带并不难,自己事情自己干。"也可以借助种养活动生成配套的主题课程体系,让孩子在种养区里精心照顾植物和小动物,通过每天浇水、翻土、喂食,感受劳动的乐趣,也在这个过程中学会爱与责任。

2. 结合区域活动,培养劳动兴趣

针对小班幼儿生活自理能力和劳动能力相对较弱,劳动观念仍处在萌芽时期等特点,老师可以在角色区建立"娃娃家",并指导孩子们在"娃娃家"里扮演不同的角色,如为娃娃穿衣服,喂娃娃吃东西,晾晒娃娃衣服,等等。在中班设立操作区,指导儿童学习如何安全地使用铁锤等工具。在大班设置一个机械发现区域,为孩子们准备各种不同尺寸的改锥,让孩子们利用改锥来拆卸和组装玩具,从而更好地理解工程师的工作内容和特征等。

3. 利用户外游戏活动,提高劳动能力

早晨的室外运动,老师可以为学生准备一些器材,例如纸箱、轮胎、骑乘工具、高跷、板凳等,并指导孩子们在室外的空地上自己设计和布置攀岩用的障碍物、平衡木等。在游戏中,孩子们可以有创意地进行拼装活动,游戏完成后,孩子们会将游戏中原有的道具物品整理好,再回到游戏工具间。在进行劳动教育的过程中,孩子们可以养成遵守规则、热爱劳动的好习惯,同时还可以提升孩子们的劳动能力。

4. 融入一日生活,培养初步的劳动习惯

一日生活皆教育,可以结合幼儿园一日生活活动中的各个环节,培养孩子们独立劳动的能力、集体生活和合作劳动的能力等。

（1）培养生活自理能力。让孩子先认识到自己的能力，再鼓励孩子从力所能及的小事做起，比如脱开衫、脱套衫、收玩具等。

（2）整理餐具、收拾餐桌。就餐环节中，指导孩子们自取餐食餐具、用餐结束后自行洗碗勺、擦拭饭桌、扫地拖地等。

（3）独立洗漱、归类摆放。如厕盥洗环节中，引导孩子学会自取毛巾、正确洗手、如厕等，不断培养孩子自主生活能力。

（4）叠被子、整理床铺。午睡环节，鼓励孩子自己叠被子、整理床铺等。

三、家庭中巩固劳动教育的成果

劳动教育不能单靠幼儿园开展实施，家庭教育作为幼儿成长的重要环境应该成为幼儿园劳动教育的有益补充和延伸，两者联合为幼儿发展提供良好的环境。幼儿园是实施劳动教育的主要力量，开展主题鲜明的教育教学活动，而家庭的家务劳动能够为孩子提供丰富的感知、操作机会，使孩子在各种操作活动中获得认知发展，并帮助孩子养成良好的生活习惯，培养责任感和良好的品质。让孩子参与家务劳动，家长可以通过下列途径进行。

1. 确定合理目标

家长要帮幼儿挑选合适的家务活，教给幼儿完成的方法和技巧，合理完成力所能及的劳动任务。

2. 初步掌握正确的劳动技巧

学习劳动技巧能够帮助幼儿养成良好的劳动品质，父母可以从演示开始，为幼儿解答问题，使其初步掌握劳动技巧。例如，如何做清洁、衣服整理以及垃圾清理等。

3. 鼓励幼儿主动参与劳动

现代多数家长对家务大包大揽，不让幼儿参加劳动，一方面是担心幼儿安全或者效率不高，更多则是忽视幼儿参与家务劳动的需求，在实践中家长要适度放手，相信幼儿，鼓励幼儿参与家务劳动，体验劳动成果，促进幼儿健康发展。

4. 选择适宜的劳动任务

在不同的年龄，儿童的劳动能力是不一样的，要根据儿童的年龄特征，为儿童挑选合适的任务。

(1)3~4岁。儿童的语言已经发育到可以和成年人进行一般沟通的程度了。在日常生活中,家长可以用言语来提醒儿童,比如将垃圾扔进垃圾桶,让他拿起物品,将折叠好的衣物放入衣橱,自己收拾和整理玩具,等等。

(2)4~5岁。幼儿的肢体运动发育较好,能够做较多的家务活,例如擦桌子、摆放餐具、拖地等,吃完饭后要将餐具送到厨房,整理自己的被褥、浇花、照顾小动物。

(3)5~6岁。儿童能够对第一阶段的劳动进行熟悉,能够学习整理房间、收拾物品,能够在家长的指导下清洗餐具,还能够为自己第二天上学做好准备,家长应该遵循由易到难原则让孩子进行劳动教育。

第二节
幼儿园劳动教育内容的组织与实施

一、探索劳动教育内容,使劳动教育内容更全面

幼儿园应主动探索劳动教育内容。首先,幼儿园在选择劳动教育内容前要深入了解其理论,查看文献资料和其他幼儿园对劳动教育内容选择的经验,根据劳动教育目标,结合自身发展,选择丰富多样的劳动教育内容;其次,组织教师积极参与研究,发挥教师主动性,为劳动教育内容提供更多思考和建议;最后,幼儿园要结合一年中可利用的不同季节、节气、节日,关注不同类型的动物和植物,将劳动教育内容变得更加充实,让劳动教育与教师日常教学的五大领域内容相结合,将劳动教育与幼儿园各类的实践活动相结合,从而丰富和扩展劳动教育的内容选择,在日常教学中不断渗透。

二、了解幼儿现有发展水平,充分利用各类教育资源

幼儿园要更加关注幼儿,更加了解幼儿特点和现有的发展水平。首先,在进行内容选择前对幼儿的实际发展水平进行调查和了解,记录每一位幼儿所掌握的劳动知识和劳动水平,在幼儿现有的基础上选择合适的内容,不把劳动教育变成"想当然",根据幼儿的最近发展区找到适宜的劳动教育内容;其次,幼儿园要对照指南要求,厘清3~4与4~5岁幼儿发展要求的不同,不选择超过幼儿发展水平的内容,保证选择的科学性;最后,幼儿园要充分利用各类教育资源,把社会资源、文化资源、社区资源、家长资源等融入劳动教育内容中,例如将特色建筑、红色精神与劳动教育结合起来,将幼儿园周围的地理环境,优美的湖泊、园林结合起来,将本地资源优势发挥出来。

三、丰富教师教学经验

首先,教师要主动学习劳动教育理论知识,了解自己所要开展的劳动教育的目标、内容、组织和实施、评价是什么,了解劳动教育的开展方法和意义,旨在更好地计划和实施劳动教育。其次,教师要主动向教学经验丰富的老教师学习和交流,多听老教师的课,琢磨老教师在教学上的独特之处,先模仿,再逐步形成自己的教学经验。最后,教师要主动反思和总结,教师每上完一节课时都应书写教学反思,反思自己在活动中的问题,是否尊重幼儿的发展规律,是否主导太多,使得幼儿主动性变低,是否在教育环节的组织上衔接不恰当,让无效等待时间过长,高效率地发现自己教学的漏洞,及时查漏补缺。此外,还应请其他教师观摩课程,提出宝贵意见,帮助自己更快成长。

四、提供物质支持和精神支持

在物质支持上,幼儿园要构建合理培训体系,加强教师入职培训和在职培训,促进教师专业能力成长,同时还要加强教师培训机制,构建多样教师培训体系,促进教师将理论与教学实践有机结合起来,教师要定期参加各类专业培训,获得专业知识,提升专业素养,把学到的专业知识融会贯通到一日生活教学中。为教师提供丰富的教案的参考材料,让教师能够快速了解到具体实施的方法。且在环境创设和区角材料投放上,幼儿园多投入财力,为教师和幼儿准备丰富的教学材料,在教师有创新想法时,及时给予支持。在心理上,创设宽松的沟通交流环境,允许教师参与劳动教育的计划制定,允许教师就劳动教育计划和内容提出自己的想法和建议,并在组织和实施中交流自己的思考,允许教师提出改进的建议。

五、深入开展家园共育

首先,幼儿园教育教学活动可以延伸至家庭。幼儿园可以布置一些与劳动教育相关的家庭作业,如观察植物生长、整理家庭物品等,让家长和孩子一起完成,增进亲子关系。其次,组织家庭实践活动。学校可以组织一些家庭实践活动,如组织家庭农场、社区服务等,让家庭成员一起参与劳动实践,培养孩子的劳动意识和技能。最后,定期进行家园互动。通过定期与家长进行劳动教育的交流与互动,分享学生的劳动成果和经验,让家长了解孩子在学校的劳动教育情况,共同促进幼儿发展。

第三节
幼儿园劳动教育内容的优化

根据儿童早期劳动教育的四大特征,幼儿园劳动教育的内容可划分为以下七个部分。

1.幼儿自理劳动

幼儿自理劳动指的是幼儿自己照料自己的劳动,是幼儿时期最重要的劳动教育内容。幼儿自理劳动的内容涉及吃喝拉撒睡、吃穿住行用等各个方面。例如穿衣服、穿袜子、系鞋带、洗手、洗脸、刷牙、梳头、上厕所、睡觉、接水、喝水、把玩具和书拿起来、放好洗脸用的手帕、整理自己的小书包等。自主劳动,可以让孩子们更好地提高自己的生活自理能力,让孩子们感受到成长的快乐,从而培养孩子们对劳动的兴趣。

2.幼儿手工劳动

在幼儿阶段,手部动作的精细运动发展,对孩子的大脑和各项发育都有很大的影响。手工作业,又称为"美工",主要有三种类型,即纸工、泥工和其他综合性的手工艺活动。"玩泥巴"是一项深受孩子们喜爱的泥塑活动,材料有陶泥、橡皮泥、面团等,通过揉捏、搓长、捏平、粘接、捏泥、拉出、劈开泥土和其他手法,可以塑造出"水果美食""动物昆虫""各色人物""空间组合"等不同形态和颜色的雕塑。纸张的加工有折、撕、编三大类。其他的还有贴纸、各种玩具、生活用品、模型、装饰品等。通过参与活动,幼儿对不同的材料有了更多的了解,同时幼儿对材料进行自主加工、制造的创新过程,对提高和培养幼儿的注意力、想象力、创造力有重要作用。

3.幼儿种养劳动

种养劳动指的是以植物为基础的和以动物为基础的种植和养殖活动,以及以田园为基础的辅助工作,包括对植物的播种、灌溉、施肥及收割等,以动物为基础的工作,包括喂食、照看及卫生清洁等。在种养劳动的过程中,幼儿可以利用自己的多种感官,去发现周围的事物和现象,了解自然、环境与人类的关系,不仅可以丰富幼儿的感性认识,还可以满足幼儿的好奇心、激发他们的求知欲,培养他们良好的劳动态度。

4. 幼儿家庭劳动

家庭作为社会的基本单元,是人类成长的"启蒙之地"。家庭工作的内容主要包括了以下几个方面:家庭清洁、家庭服务、环境整洁。具体内容包括:开关灯、开关水龙头、端碗送碗、分配和摆放餐具、清理房间、整理物品、开门、关门、倒垃圾、扫地、擦桌子等,家庭劳动不仅能养成儿童的劳动习惯,而且能促进儿童的家庭意识的形成,对家庭和谐有积极的作用。

5. 幼儿园内劳动

幼儿在幼儿园和班级中的劳动,是在老师的组织和引导下,幼儿参加的能够为集体提供服务的幼儿园及班级的劳动,通常与幼儿的值日劳动相结合,如帮助老师扫地、拖地、擦桌子、摆长凳、打扫活动室、修补书本、清洁和放置玩具等。以此培养幼儿关心集体意识,初步培养幼儿的社会责任感。

6. 幼儿社会劳动

社会劳动,是指幼儿在父母和老师的带领下,参加街乡和社区劳动,或在假期里,由父母带领幼儿参加的社区或者街区的志愿者工作。通过参加社会工作,可使幼儿扩大视野,增加对职业的了解,提高劳动技能,培养幼儿劳动热情。

7. 体验性劳动

体验性劳动,是儿童在父母或老师的引导下,对社会中各个职业的劳动状况有一个全面的认识,从而对不同职业、不同角色所进行的劳动进行模拟和体验。有些劳动是通过实地考察,有些是通过游戏的方式进行的,有些则是通过虚拟情景进行的。随着全社会对早期劳动教育的重视程度不断提高,家长和父母也会越来越重视儿童的劳动教育,在人工智能和其他技术的协助下,儿童的体验工作将会更有色彩。

第五章
幼儿园劳动教育的现实困境与对策

第一节
幼儿园劳动教育实施情况调查

一、幼儿园劳动教育的研究思路

本章通过问卷调查的方式,对新时期我国幼儿园劳动教育的实施状况进行调查与分析。将劳动教育和幼儿园劳动教育相关理论作为研究基础,在查阅相关文献的基础上,编写教师调查问卷,设计教师、家长、园长三类访谈提纲和劳动教育活动观察记录表。从多个角度对幼儿园劳动教育的实施情况进行全方面的调查,找出其中存在的突出问题。本章的研究思路框架如图 5-1 所示:

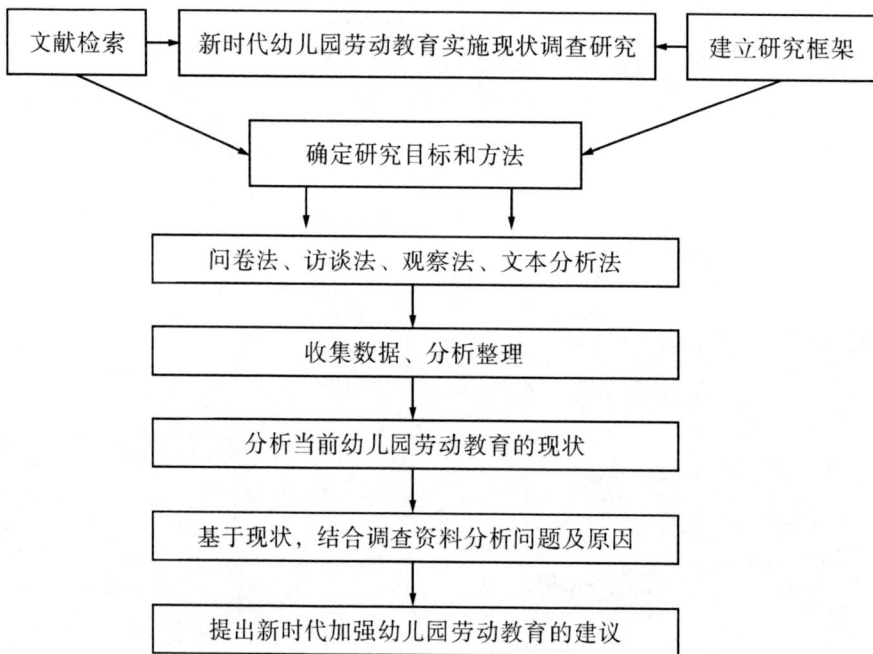

图 5-1　研究思路框架图

二、研究方法

(一)问卷法

1.问卷的发放与整理

本节采用问卷调查的方式,以幼儿园教师为研究对象(表5-1)。通过查阅国内外有关调查资料,自行设计《幼儿园劳动教育实施情况调查问卷》(详见本章附录一)。

表5-1　幼儿教师评价素养各维度表

维度	子维度	题目序号
基本情况	性别、班级、学历、教龄、园所性质	1-5
现状	劳动教育观念	6-7
	劳动教育实践	8-17

问卷由教师基本情况和幼儿园劳动教育实施现状两部分组成。其中,现状部分分为观念层面和实践层面。观念层面与教师对幼儿劳动及幼儿园劳动教育的认识有关,与6-7题相对应。从实践的角度来看,从目标分析、内容表达、方式选择等方面来看,与8-17题对应。通过问卷星发放问卷,有效回收364份。

2.问卷的效度

为确保调查问卷的内容有效性,聘请专家、校内的专业教师、校外实习指导教师、学校外的一线幼儿园教师,对调查问卷的题项进行检查,评价其内容,并对不恰当的题目进行适当的修正。问卷采用SPSS 26.0进行数据分析处理。需要信效度检验的是问卷当中的量表题目,所以此处仅对劳动教育现状的12道题目进行数据检验。以下数据指正式问卷测试的结论。

(1)项目分析。项目分析的主要目的在于检验编制的量表或测验个别题项的适切度或可靠程度。本书先通过差异T检验法鉴别是否有差异不显著的题目,首先求出量表总分,按照总分高低排序,按照总分27%和73%进行高低分组。其次用独立样本T检验来检验高低分组在题项上的差异,保留≤0.01,且T的绝对值要大于3的题目。经删减,正式问卷的所有题目

$p \leqslant 0.01$，且 T 的绝对值大于 3，见表 5-2。

表 5-2　劳动教育差异 T 检验分析

题目	T 值	Sig.
Q6	−28.410	0.000
Q7	−25.518	0.000
Q8	−23.357	0.000
Q9	−25.859	0.000
Q10	−26.137	0.000
Q11	−26.34	0.000
Q12	−24.921	0.000
Q13	−19.069	0.000
Q14	−23.750	0.000
Q15	−20.706	0.000
Q16	−20.271	0.000
Q17	−22.335	0.000

最后分析每个项目与总分之间相关系数，要求中度相关，r 值在 0.4 以上。本问卷的 12 道题目与总分的相关系数在 0.4 以上，表明每道题目与总分的相关系数均达到了显著水平，见表 5-3。

表 5-3　劳动教育项目分析表

题目	与总分相关
Q6	0.836 * *
Q7	0.822 * *
Q8	0.804 * *
Q9	0.824 * *
Q10	0.835 * *
Q11	0.825 * *
Q12	0.814 * *
Q13	0.773 * *
Q14	0.817 * *

续表5-3

题目	与总分相关
Q15	0.780＊＊
Q16	0.774＊＊
Q17	0.760＊＊

（注：＊表示 $p < 0.05$，＊＊表示 $p < 0.01$，＊＊＊表示 $p < 0.001$，同下）

（2）问卷信度分析。对问卷进行信度分析，通过检验 Cronbach's Alpha 值，判断问卷是否具有良好的信度。劳动教育观念的 α 值为 0.960，劳动教育实践的 α 值为 0.951，整体问卷的 α 值为 0.980，说明问卷具有较好的信度，见表5-4。

表5-4　劳动教育问卷信度分析

因子	内部一致性 α 系数	项目数
劳动教育观念	0.960	2
劳动教育实践	0.951	10
整体问卷	0.980	12

（3）问卷效度分析。对问卷进行效度分析，通过 KMO 和 Bartlett 球形度检验，各维度的效度分析 KMO 结果大于 0.7，Bartlett 球形度检验中 $p<0.001$ 说明问卷具有较好的效度，见表5-5。

表5-5　劳动教育问卷效度分析

维度	Bartlett 球形度检验	Sig.
劳动教育观念	0.946	0.000
劳动教育实践	0.938	0.000
整体问卷	0.972	0.000

（二）观察法

采用实地观察的方法，对幼儿园开展劳动教育进行了详细的调查。研究以"无参与性观察"的方式，对 L 市各类型幼儿园的劳动状况进行一个学期的观察。在学生入园的同时，要对学生和老师进行追踪观察，并对观察对象、班级、时间、地点、内容等做好记录。从 2019 年 9 月 20 日至 2020 年 12

月 30 日,研究者进入幼儿园进行了现场观察,从小、中、大班中随机选择一个班为重点观察对象,并在工作日内全程跟随。

(三)访谈法

通过对幼儿教师、家长及园长的访谈,了解幼儿教师对幼儿劳动教育的看法及想法,为进一步研究提供参考。该提纲的内容主要有:对幼儿园劳动教育的理解,当前在目标分析、内容表现、方式选择、评估方式及教学效果等方面的执行,以弥补问卷的不足。在观察期间,研究者利用自己的空闲时间,依次完成了所有的访谈工作,一共对 12 位教师和 2 位园长进行了访谈,访谈过程中还会有录音,并采取一对一的方式来保证访谈内容的完整性和有效性。

(四)文本分析法

文本分析方法主要是对相关的文字、图片进行分析。搜集录像和其他材料以及对幼儿园教师进行劳动活动的教案、教学过程和评价,并整理有关表现、执行活动及感受等数据。在此之后,将所搜集到的数据进行整理和分析,并从中发掘出其中所蕴含的价值。

三、研究对象

通过问卷星发放问卷,有效回收 364 份。在调查中发现,因为幼教工作的特殊性,老师的性别比例差异很大,男性教师占 2.47%,女性教师占 97.53%。教师的教龄大多分布在 6~10 年。有 9.62% 的教师是大专以下的学历,有 22.53% 的教师是大专学历,有 62.36% 的教师是本科学历,仅有 5.5% 的教师是硕士及以上学历。有 32.42% 的教师教授小班幼儿,有 33.79% 的教师教授中班幼儿,有 33.79% 的教师教授大班幼儿。公立幼儿园和民办幼儿园的教师比例分别是 65.66% 和 34.34%。具体如表 5-6 所示。

表 5-6　问卷调查教师个人信息统计表

项目	类别	调查人数	百分比
性别	男	9	2.47%
	女	355	97.53%

续表5-6

项目	类别	调查人数	百分比
教龄	1年以下	18	4.95%
	1~2年	124	34.07%
	3~5年	47	12.91%
	6~10年	137	37.64%
	10年以上	38	10.44%
学历	大专以下	35	9.62%
	大专	82	22.53%
	本科	227	62.36%
	硕士及以上	20	5.5%
所教班级	小班	118	32.42%
	中班	123	33.79%
	大班	123	33.79%
园所性质	公立	239	65.66%
	民办	125	34.34%

本次访谈分别从L市幼儿园中随机抽取两位教师,不包括园长和副园长,具体访谈信息如表5-7所示。

表5-7 访谈教师情况统计表

访谈对象	性别	教龄(年)	学历	年龄班	职务
T1	女	35	大专	中班	教师
T2	女	30	大专	大班	教师
T3	女	25	大专	中班	教师
T4	女	13	本科	小班	教师
T5	女	9	本科	中班	教师
T6	女	6	本科	大班	教师
T7	女	5	硕士	中班	教师
T8	女	5	大专	小班	教师

续表 5-7

访谈对象	性别	教龄(年)	学历	年龄班	职务
T9	女	3	本科	中班	教师
T10	女	3	本科	小班	教师
T11	女	2	本科	中班	教师
T12	女	1	本科	大班	教师

四、调查结果

(一)教师对幼儿劳动及幼儿园劳动教育的认识

1.教师对幼儿劳动高度赞同

在问卷调查中向老师提出"你觉得孩子们需要做一些劳动吗?"认为"非常有必要""有必要""一般""没必要"的教师比例分别为 30.49%、31.59%、27.75%、10.16%。如表 5-8 所示。由此可以看到,在幼儿园中,老师们对儿童的劳动有着很高的认同感,并相信儿童的劳动是必要的。

表 5-8　幼儿园教师对劳动教育的认识

程度	百分比
非常有必要	30.49%
有必要	31.59%
一般	27.75%
没必要	10.16%

在采访中,当被问到"你认为儿童的劳动对儿童的重要性是什么"时,大部分的老师认为,通过幼儿的参与,可以提高他们的劳动能力,并能锻炼他们的身体素质,既可以让幼儿体会到劳动的艰辛,又可以体会到劳动的乐趣。

2.教师对幼儿园实施劳动教育的必要性高度认同

关于教师对劳动教育认知的调查结果如表所示,教师对劳动教育的知识非常了解,有 27.51%,了解一点的有 28.11%,听说过的有 25.15%,不清楚的有 19.23%。如表 5-9 所示。

表 5-9　幼儿园开展劳动教育必要性

程度	百分比
非常了解	27.51%
了解一点	28.11%
听说过	25.15%
不清楚	19.23%

(二)对幼儿园劳动教育目标的分析

1.幼儿园劳动教育重视幼儿劳动知识和技能的提升

在调查问卷中,提问教师"您认为幼儿园劳动教育的目标是什么?(多选)",其中"提高劳动技能"占 78.3%,"增加劳动知识"占 65.38%,"帮助幼儿树立正确的劳动观念"占 32.1%。如表 5-10 所示。由此可以看出教师重视对幼儿劳动知识和技能的培养,旨在培养幼儿的自理能力和独立性。

表 5-10　幼儿园劳动教育目标

内容	人数(人)	百分比
提高劳动技能	285	78.3%
增加劳动知识	238	65.8%
树立正确的劳动观念	116	32.1%

在幼儿园对教师的教案、教学活动进行观察和分析,并对问卷调查的结果进行验证。结果表明,教师比较重视幼儿的劳动技能的获得,比如"学会正确洗手法、学习制作手工作品"等,而忽略了幼儿的劳动情感和劳动观念的培养。

2.从儿童视角出发,对幼儿园劳动教育目标的描述

在对幼儿园劳动教育活动目标的表述中,既有教师,也有幼儿。但是,不同的角度所关注的主体存在差异。在对其进行观察对比的基础上,发现总体目标表述以幼儿角度为主要内容。在一所幼儿园所制定的一项课堂劳动活动计划中发现:"纪录植物成长的过程""试着用剪裁、绘画和轻质黏土等来做一份礼物""帮爸妈干活"这些都是站在儿童的角度来表达的,而"教

导儿童正确的洗法""让孩子自己照顾自己"是站在老师的立场上来表达的,反映出教师对劳动教育目标的理解并不是完全一致。在调查中发现一些幼儿园老师在设定目标的时候,更多的是从老师们的立场上来表达,比如"培养""鼓励""提高""帮助"等,新时代教育要求,教育目标的制定要侧重幼儿学习和发展的角度,以提高教育教学实施效果,促进幼儿发展。

(三)幼儿园中的劳动教育内容调查

1.幼儿园的劳作主要是自助式的劳作,而且是分层次的

在幼儿园里,可以将自我服务性劳动、为集体服务劳动、种植手工活动以及参与到社会上能够参与的各种公益活动中。根据表 5-11"幼儿园劳动教育活动的内容"可以看出,在幼儿园的劳动教育活动中,自我服务性劳动和为集体服务劳动占比 45.33% 和 32.42%,种植手工劳动占比 20.6%,参加社会公益劳动占 1.65%。由此可以看出,幼儿园的劳动教育具有非常丰富的内容,其中自我服务的劳动所占的比例是最大的,而社会的劳动所占的比例是最小的。通过调查发现,幼儿园开展了大量的劳动教育活动,如劳动节、泥塑、植树等。

表 5-11　幼儿园劳动教育活动的内容

内容	人数(人)	百分比
自我服务性劳动	165	45.33%
为集体服务劳动	118	32.42%
种植手工劳动	75	20.6%
社会公益劳动	6	1.65%

在走进幼儿园进行观察的过程中,发现幼儿劳动主要指的是幼儿在一日生活中进行的一种自我服务。从收拾桌子到洗手、如厕等,这些都是孩子们自己做的工作,即使是在玩完之后,将玩具整理归类,也是他们自己做的工作。在访谈时,被问及"你觉得幼儿园应该以哪些工作为主?"关于幼儿自我服务教育,老师们的回答基本上都是一样的,那就是培养幼儿的生活能力。

教师 T1:"小班儿童的劳动教育,以自我照顾为主。通过日常生活中穿脱衣服、穿鞋、扣扣子、擦桌子和整理玩具等,运用游戏和竞赛等幼儿喜闻乐

见的方式,让幼儿感受到自己的事情自己做的满足感和自豪感。"

教师T5:"我觉得最重要的是对孩子的生活自理能力的培养,这一点会贯穿于孩子从小班到中、大班的全过程,如自己吃饭、自己穿衣服、自己穿鞋子。不过,不同年龄段的具体工作应该有所不同,小班较容易,中大班较困难。这些都是要在不知不觉中培养出来的好习惯,为他人,为集体服务的。一天的生活都是一门功课,就是教导孩子如何做人。"

教师T2:"我认为不仅在幼儿园,在家庭中也需要对幼儿进行培养。让幼儿进行劳动,主要是让幼儿可以进行生活自理,比如可以自己刷牙、洗脸等,要鼓励孩子自己做自己的事情。"

由此,可以得出以下结论:首先,在幼儿园阶段,我们要把劳动教育融入孩子们的日常生活之中,使孩子们为他们自己服务。其次,根据儿童身体和心理发展的差异,对其进行分类,并根据其不同的年龄特点,确定了具体的工作内容。由小班、中班到大班,在适当的时候逐步加大难度。比如,中、大班儿童系鞋带,需要儿童的肌肉、抽象逻辑思考,但小班幼儿在这方面的能力还不够强。

2.幼儿园劳动教育内容具有多样性

(1)固定开展为集体服务劳动。经过观察,每一所幼儿园都会有一项为集体服务的劳动。它是指幼儿在老师的指导下,通过自己的力量,参与到班级的集体活动中来。目标是让孩子们学会在生活中更多地去关爱别人,并帮助别人,让孩子们有一种责任感和使命感,做一个充满爱心的人。小班的儿童参与社区服务的劳动较少,以中、大班儿童为主,轮值学生的劳动是其中的一项。

幼儿园的值日生工作属于幼儿园劳动教育的一个重要部分,它也是幼儿服务自我、服务集体的一种劳动表现。为了对幼儿的劳动技能进行培养,提高幼儿为集体服务的积极性,并提高幼儿的自信心和独立性。在调查中发现,在一家公立幼儿园的大班中,有一项"我做小值日"的活动。在班级中布置有值日生主题墙,其中既有卫生、整理图书、发放碗勺等内容。更主要的是,每件事都由幼儿轮流做,幼儿可以自由选择自己想要值日的内容,增强了幼儿的自主选择权。如表5-12所示。

表 5-12 "值日生的一天"观察记录

观察时间	值日生职责	工作情况	备注
7:50- 8:20	入园检查	幼儿入园向其他小朋友和家长问好,测量体温,并检查幼儿的手是否干净,手指甲是否该修剪,督促幼儿注意自己的卫生	一天的值日工作从戴上"值日生"袖章开始。这让孩子们更加明确了自己的角色和职责,也提升了他们的自豪感
8:30	整理玩具	值日生在玩玩具时要随时注意观察、检查,巡视是否有幼儿乱扔、乱放或者损坏玩具,发现这类现象,一定要提醒改正	值日生表现认真、负责,玩具摆放整洁有序
9:00 10:00 11:10 15:00	监督洗手	餐前便后、课间,监督其他小朋友们洗手,排队的时候还要监督其他小朋友是否站好队	今天楠楠是值日生,在小朋友们洗手时,她就站在水池旁监督幼儿,对插队幼儿进行批评
10:10	整理队形	小值日生站前面整理队形,"小手搭肩,小脚并拢,手放下",并带领队伍去操场做操	有一位男孩十分调皮,不听值日生媛媛的口令。媛媛便前去与男孩沟通,积极履行自己的职责
11:15	摆放桌椅	餐前帮大家摆放好桌椅,小小值日生们化身大力士,很快完成了全部桌椅的摆放	在值日生的辛勤劳动下,班级一日生活进行得很顺利
11:50	餐后整理	饭后帮助保育员擦桌子、扫地、拖地,教室环境变得十分整洁	值日生抢着帮助保育员拖地,热情很高
12:00	午睡管理	值日生来回巡视,劝诫小朋友们不要讲话,脱衣服,赶紧入睡。对已经入睡的幼儿值日生将奖励贴纸贴到幼儿床边	很多幼儿已经入睡了,可西西小朋友在床上和别的小朋友窃窃私语,值日生乐乐上前进行劝阻,西西小朋友才入睡

续表 5-12

观察时间	值日生职责	工作情况	备注
14:30	检查床铺、被子	在午睡过后,值日生没有急于走出睡眠室,而是帮助教师检查小朋友衣服是否穿好、床铺是否整理好,没有整理好的要督促整理	红红小朋友穿好衣服就直接走出睡眠室了,值日生才把红红叫回来整理床铺
15:50	物品归纳	阅读时间到,值日生们帮助老师给每个宝贝发放图书,随时提醒小朋友要爱护自己的物品。阅读完后,值日生再次帮助教师收回图书	值日生果果拿上书就开始乱翻,在教师的提醒下才放好,等待教师指令
16:10	照顾植物	值日生们给植物角的小花小草浇水,每天观察生长变化,并填写观察记录表	值日生用画图的方式记录植物生长变化过程
17:00	检查衣着	在快要离园时,值日生主动检查小朋友们的衣服、鞋袜是否穿好,督促或者帮助没穿好的小朋友	小朋友们全部穿戴整齐,离园。一天的值日活动结束

在对幼儿小小值日生进行一日的观察过程中,发现幼儿能认真地履行自己的职责,而且他们有很强的责任心,在值日生工作中始终保持着积极的劳动热情。让幼儿参加值日活动,既能对他人进行监督、提示,又能对自身的行为进行规范,儿童发展的需求得到了满足。他们也可以在持续的劳动过程中,培养出良好的劳动习惯。在无形中,儿童的自信心得到了提升,他们认识到了劳动不可耻,服务于集体,服务于所有人,是一种荣耀。而轮值学生的固定工作,既可以训练孩子的劳动技巧,又可以在与同龄人的交流中培养孩子的语言能力。

(2)手工劳动材料丰富。在新时期,幼儿园是幼儿进行手工劳动的理想场所。幼儿园设有幼儿绘画、剪纸、轻质黏土、面点屋、泥塑室、娃娃家等,像扎染工坊这样的劳作场所,给儿童提供了丰富多彩的活动素材。

1)手工剪纸。幼儿园的民俗馆,主要是为了继承传统文化,在它的建设过程中,手工艺是非常重要的一部分,比如格格帽、旗袍等,它可以极大地提升孩子们的综合技能。

教师 T9:"一个小朋友能够自己做一个手工艺品已经很不容易了,一般情况下,小朋友都是在老师的指导下才能够成功地做出来。小孩子若能坚持做完,那就是毅力的体现。不管孩子们的手工艺是怎样的,他们都应当受到鼓励。我们在民间艺术博物馆里指导小朋友做些与传统文化有关的手工艺品,让小朋友在手工艺品中发展心智,促进他们德、智、体、美、劳全面发展。"

2)泥塑世界。陈鹤琴先生的"活教育"思想是以自然和社会为活生生的教科书,以现实生活为依托,进行教育教学活动。泥巴是幼儿喜欢的材料之一,幼儿园可以开展系列的泥塑活动,并将其制作成了一个班角。

教师 T5:"喜爱美术,敢于表达的孩子,可以通过玩泥巴来提高他们的想象力、创造力和思考的能力。黏土的柔韧性,让它们可以在简单的操纵下,勇敢地表达自己的想法。"本次活动注重幼儿的兴趣,提倡幼儿的自由度,让幼儿在趣味横生的泥塑中尽情展示自己的才能,享受自然带来的礼物,尽情地释放自己的思想。充分利用土壤所拥有的可以随意揉搓的变化和可塑性,为孩子们提供了无限想象的空间,同时还能发现土壤和动植物之间的依存关系,从而让他们感受到土壤的重要意义。

园长 1:"在活动中,教师要注意鼓励、支持幼儿富有个性和创造性的表达,并接受幼儿的作品,有些教师可能只是一味强调技能技巧。其次,我们要让孩子们互相评价,互相学习,让他们体会到成功的喜悦,让他们的精神得到满足,让他们的参与感更强。最后,老师也从各个方面指导孩子们去守护我们的土地。"

3)百艺工坊之"扎染坊"。扎染是中华文化中不可缺少的一部分,也是我们必须了解和弘扬的一种文化。这是一种中国传统的手染法,是指将织物各部位打结,使其不染上任何颜色的方法。

教师 T4:"小小一片布料,经过小朋友的巧手,被扎染出了奇妙的花纹,最后形成了独特的艺术。"让孩子们感受到扎染的乐趣,也能让他们对中华优秀传统文化产生浓厚的兴趣。

教师 T5:"在这个扎染坊里,给孩子们更多的机会,得到更多的系统的扎染教学,既能继承和传播中华优秀传统文化,又能发展他们的创造力和批判思考能力,让他们从被动的学习变成积极的创作。让孩子们能够在一个安静的环境中,专注于自己的工作,在自己的工作中,不断地发展自己的大脑。不管是欣赏自己的扎染作品,还是练习自己的手工艺,扎染坊都为孩子们的创造力学习提供了一个更加自由和宽广的艺术空间。这样才能更好地激励他们去发现美,去创造美,去表现美。"

（3）在种植劳动中锻炼幼儿劳动技能。在访谈过程中,老师给介绍了所在幼儿园开展的一次"童心向党,种下希望"的亲子播种活动。本次种植活动主要是为庆祝建党百年,在孩子们的心中埋下爱国主义的种子,激发他们关注生命、关注自然的意识,增加他们的种植知识,引导他们感受劳动的乐趣。在了解到有关种植的一些注意事项之后,家长和孩子们就拿起自己带来的劳动工具,开始了他们的工作。于是,在热情、亲情、欢笑中,幼儿园的亲子种植活动就这样缓缓拉开了帷幕。

教师 T1:"我们在春天的时候,幼儿园举办了一系列的亲子栽种活动,孩子和家长的兴致都很高,在这个活动的现场,每个人都很忙碌。有些小朋友很开心地提着小桶给他们浇水,有些小朋友则是拿着小铁球在忙着挖坑、培土,而他们的父母则在旁边帮助他们,每一个小朋友和他们的父母都沉浸在一种快乐、温馨的氛围之中。到了最后,孩子和父母都会在自己种下的种子旁,写上自己的祝福,希望我们的国家能够越来越好。"

园长 1:"这次的种植活动是非常成功的,每年春天都会举办一次,这一次的种植活动,不但可以让孩子们对树木的认识更加深刻,也可以让他们对大自然有更多的认识。有家长的参与,这也加强了我们在家庭中的良好气氛,儿童的教育永远不会仅仅局限于幼儿园。这是我们幼儿园的一项课程,希望能让家长们对我们幼儿园更有信心,更放心,让孩子们健康快乐地成长。"

通过对一些幼儿园的调查,我们发现一些幼儿园建立了"阳光农场",为孩子们提供了一个更加宽广的空间,并为孩子们建立了一个与自然的联系的平台。

园长 2:"陈鹤琴老师曾经说:'自然是我们的智慧的宝藏,广大的社会是我们生命的宝藏,是我们的活生生的教科书。'在此基础上,我园把植树活动融入到孩子们的日常生活,并在园内建立了'阳光农场'。儿童栽种活动是一种能使儿童与自然亲密、喜爱自然的体验性教育。在这里,孩子们不但可以学到种植的知识,还可以了解到种植的奥秘,体验到种植的乐趣。"

总的来说,幼儿园的儿童劳动内容较为丰富,主要以儿童的日常生活为主,这些活动的内容,也符合孩子们的兴趣。通过调查发现,教学内容主要集中在幼儿园或班级内部,几乎不涉及社会实践劳动,幼儿园开展社会劳动和教育的活动明显不够。

(四)教师对幼儿园劳动教育途径的选择

1.以一日生活渗透为主且具有针对性

从调查、访谈和观察中可以看出,不同的劳动内容会采取不同的方式来进行劳动教育,其中主要的方式有:幼儿园劳动课程、一日生活渗透、主题活动、值日生活动和家园合作。根据问卷调查的结果,有53.02%的教师通过对一日生活的渗透,51.37%的教师选择值日生等固定劳动任务,46.15%的教师选择劳动教育主题活动,42.58%的教师选择劳动主题课,37.91%的教师选择家园合作的方式。如表5-13所示。除此之外,在访谈中,幼儿园教师表示还可以通过游戏、角色扮演、讲故事、看视频、参观各行业劳动和进行劳动竞赛等方式进行劳动教育。

表5-13　幼儿园劳动教育途径

内容	人数(人)	百分比
一日生活渗透	193	53.02%
值日生活动	187	51.37%
主题活动	168	46.15%
劳动课程	155	42.58%
家园合作	138	37.91%

幼儿一日生活渗透是幼儿园进行劳动教育的最主要和最核心的途径。劳动教育是一种贯穿于幼儿日常生活中的一项较长时间的活动,并非一朝一夕完成。幼儿园一日活动分为三个部分:学习部分、生活部分、游戏部分。但是,如果把"时间"放在一起看,就会发现,它可以是"分时",也可以是"分段"分时,是指一天中从幼儿进入到离开的不同时段。将"时"与"段"相结合,将一天的时间划分为6个时段,即:晨间时段(晨间时段,运动游戏时段,自主活动时段),公共活动时段,自主游戏时段(室内外自主游戏时段),生活

时段(用餐、如厕、午睡、整理),户外活动时间(运动游戏、户外自主活动、户外散步),离园时间(室内自主活动、整理活动)。

通过对幼儿一日生活的观察,以及对幼儿劳动活动的时间和频率进行梳理发现,大多数的劳动都出现在幼儿一日生活的各个环节中,比如穿脱衣裤、洗手、喝水等。儿童一天活动生阶段劳动的发生次数最多,其他阶段次之。在这些活动中,老师们以小组为单位,对孩子们进行有次序的教育,同时也对孩子们进行了一些劳动指导。

以下是随机选择的观测资料:

事件1:在户外活动完毕之后,老师让孩子们去排队上厕所、洗手、喝水。但是,有些孩子在洗手的时候,他们的方法显然是错误的。此外,还有孩子在打闹,在接水的时候,孩子们没有掌握正确的方法。不过这个时候,老师也不会直接插手,也不会挨个讲解,而是在讲解完毕后,让孩子们自己讨论怎么洗手。怎样正确的接水,还要对有打闹的孩子进行严厉的批评,然后老师要帮助孩子总结出解决问题的方法。让孩子们用他们自己认为正确的方法去做。假如觉得方法有缺陷,在经过探讨、实践与总结后,最终找出了一条适合自己的道路。

事件2:大多数孩子准时起床,穿好衣服和鞋子,叠好被子。有几个孩子还在睡觉,老师把孩子从睡梦中唤醒,孩子们开始穿衣服,但是纽扣又没有系好。孩子急得大叫,老师看见就说:"你能不能向老师求助啊"。孩子就向老师求助:"你能不能帮我一下。"然后孩子就开始纠结怎么叠被子,他尝试了很久都没成功,最后决定还是不叠了。被老师发现后,老师就和孩子们一起叠。做完这一切,孩子穿上鞋子,走出了卧室。这个时候,有几个孩子不会做,老师就去帮忙了。

经过在幼儿园的观察,发现在幼儿园一日生活中,劳动活动是开展比较多的,且老师们都对幼儿进行了引导,并鼓励他们自己独立完成工作,从而提高了幼儿的劳动能力。

例如,在中班,幼儿劳动能力正在由小班"为自己劳动"逐渐向"为他人劳动"转变。根据中班幼儿的发展水平及年龄特征,教师在6个阶段进行了6项有针对性的活动,如表5-14所示。

表 5-14　不同时段针对性活动

时段	开展的活动	活动目标
晨间时段	小小值日生	1. 值日生明确自己的工作内容,知道自己应该干什么 2. 认真负责地履行自己的职责,不懈怠
共同性活动阶段	我爱劳动	1. 主动帮助集体做力所能及的工作,保持对劳动的兴趣 2. 能将自己玩过的玩具进行整理、归类
自主游戏阶段	整理小能手	1. 能将自己玩具物归原处,按规定位置摆放,养成自己收拾的好习惯 2. 能分类不同的玩具和物品,并做好标记
生活阶段	我会擦桌子	1. 知道擦桌子要认真,并掌握一定的方法 2. 感受劳动带来的自豪感
户外阶段	保洁员真辛苦	1. 在安全的前提下和保洁员的监督下,学习清洁户外玩具的方法 2. 感受劳动的辛苦,尊重劳动者
离园阶段	整理衣服我最棒	1. 检查自己是否穿戴整齐 2. 在自己完成前提下,主动帮助行动慢的幼儿,干净整齐地离园

2. 实施途径选择具有多样性

(1)开设劳动教育课程。问:"你的幼儿园有没有开设劳动教育的课程?"回答:"已开设"的老师占 49.18%,"未开设"的老师占 46.61%,"不清楚"的老师占 4.21%。如表 5-15 所示。所以,我们可以看到,一些幼儿园开设了与劳动教育有关的课程,对孩子们进行有目的的、系统的劳动教育。然而,仍有许多幼儿园没有开设,当被问到"如果没有开设,你觉得是什么原因导致的?"时,老师们认为,首先是自己的教学活动过多,其次是幼儿园对此不够关注,最后是家长不够合作。

表5-15　幼儿园劳动教育课程设置情况

设置情况	百分比
已开设	49.18%
未开设	46.61%
不清楚	4.21%

在调查过程中,对幼儿园未开展劳动教育的理由也是不同的,有将责任归咎于幼儿园的,也有将责任归咎于家长的。通过访谈的幼儿园在课程设置方面没有制定出相应的标准,这对于幼儿早期教育课程的创设和展开极为不利。

教师T5:"在我们班上,会有对应的劳动教育课,例如教孩子如何洗手,如何叠被子,以及如何了解成人行业,提高孩子们的劳动意识。我们还会给孩子们制定一份时间表,让他们轮流值班。"

教师T6:"我们认为应该有一个合适的劳动课程,但是我们每天都要在幼儿园里做很多的工作,所以没有时间去做这些工作,各种各样的工作已经把我们压垮了。而且幼儿园也不会重视劳动教育,所以我们也没有执行。"

教师T3:"我们倒是想要开设一门相关的课程,但是没有一个可以参照的标准,所以我们也不知道要怎么进行。"

也有教师说:"有的家长比较溺爱自己的孩子,我们幼儿园培养的是好的劳动习惯,假期回家后可能就忘了,而且有时在开展活动的时候,有的家长工作很忙,不愿意跟我们合作。"

通过对调查结果的分析,发现在幼儿园开展劳动教育,与整个幼儿园的工作安排和园长有着密切的联系。在一次访谈中,当被问到"幼儿园进行劳动教育的基础是什么?"园长1回答道:"《指南》《规程》《纲要》都是相关的政策。"但具体的实施方式和具体的内容,都是什么? 至于怎么评估,并没有详细的描述,只是简单地提了一下。从这一点可以看出,由于缺乏对幼儿园劳动教育的顶层设计,导致了劳动教育的缺失。

(2)开展特定节日教育主题活动。当被问到"在幼儿园或班级里都有什么劳动教育的项目"的问题时,大多数的老师说,他们在一日生活中,除了会进行劳动教育之外,幼儿园也开展过相应的劳动教育主题活动。如在植树节进行种植、养殖活动,在劳动节进行认识成人劳动,在各个行业进行劳动。

教师 T9："我们将在特别的节庆期间,举办一系列的主题活动。就拿今年上半年的劳动节来说,我们幼儿园做了一系列的工作。我们在一开始的时候就做了很多的宣传工作,然后就是在各个年龄段,进行相应的教学活动和比赛,让孩子们喜欢上劳动,享受劳动。"

以下为教师提供的劳动节主题活动方案:

活动时间:4 月 30 日。

活动地点:本园、各班。

参加对象:全体教师和幼儿。

活动负责人:各年级组长、各班班主任。

活动内容:为了让幼儿了解和尊重他人的劳动,培养幼儿的劳动意识和劳动能力。我园各年段开展"我劳动、我快乐"为主题的系列活动。旨在让幼儿了解节日,爱上劳动,体验劳动的快乐。

活动过程:

一、宣传工作

1. 在走廊、班级墙上贴搜集到的劳动图片。

2. 教师讲解劳动节的来历和意义。

3. 在家园栏里宣传劳动内容,让家长知晓。

二、劳动实践

小班:自己的事情自己做

1. 各班级以幼儿洗手、穿衣、吃饭等内容设计活动方案并开展活动。

2. 小班幼儿举行"向保洁员阿姨致敬"活动,学会尊重他人劳动成果。

中班:我是勤劳小蜜蜂

1. 主班教师选择适合本班幼儿的活动并开展。

2. 教师给孩子讲解擦桌子、分餐点等在园一日生活必要的劳动技能。

3. 幼儿拿起抹布擦拭桌椅,并与园长妈妈清洁户外玩具。

大班:我是家务小能手

1. 开展调查活动。让幼儿调查自己的爸爸妈妈每天在家所做的家务,并与幼儿交谈,激发幼儿做家务的积极性。

2. 通过调查后,与家长商量制定劳动计划。

3. 根据计划,进行实践。让幼儿根据计划表,在家里帮助父母做家务,同时家长要填写教师发放的记录表,记录孩子所做的家务活及表现情况。

三、活动展示

不同年龄阶段的幼儿进行劳动技能比赛：

小班：穿鞋比赛

中班：擦桌子比赛

大班：整理书包比赛

四、活动总结

评选班级和幼儿园的"劳动之星"，并对获得者进行奖励。

从上述主题活动方案中，我们可以发现，在幼儿园中，根据儿童的发展特点，开展了具有差异性的劳动活动。此外，在劳动活动中，不仅可以锻炼幼儿的劳动技能，还可以让教师对幼儿的劳动意识进行培养。完成了此次劳教活动的目标。劳动带给孩子们成就感和自豪感，还能培养孩子们正确的价值观和爱劳动的意识，让孩子从小热爱劳动，做一个快乐的劳动者。在完成了工作之后，幼儿园要及时地对孩子们的工作成果展开正面的评估，并对那些表现特别出色的孩子们进行了适当的奖励，让孩子们对这次的活动有更深的印象，激发了孩子们的工作积极性。

（3）固定劳动任务以值日生活动为主。在幼儿园里，值日生劳动是一项固定开展的劳动任务，幼儿轮流为班级里的幼儿提供服务，充当用餐、环境卫生、游戏区域管理值日生等角色，对其他幼儿进行监督并帮助他们，也可以体会到为所有人服务的乐趣，以及工作的意义。在问卷调查中，向老师提出了一个问题："你在幼儿园是否有定期的工作安排给孩子们?"在此问卷中，布置的老师占43.68%，不会布置的老师占21.15%，不确定布置的老师占35.16%。如表5-16所示。再问："有什么固定的工作吗?"多数老师认为，这是一种轮值的劳作。

表5-16　是否会给幼儿布置固定劳动任务

程度	百分比
会	43.68%
不会	21.15%
不确定	35.16%

教师T1："我们有时候会让小朋友做一些日常工作，小朋友也很主动，我们觉得通过工作，可以培养小朋友的各项能力，孩子们非常喜欢这个工作的

过程。为了让这项工作变得更有意思，更吸引人，孩子们为每种工作取了一个名称。比如，擦桌子叫做为桌面擦洗，拖地叫做为地面搔痒，这些都是幼儿喜爱的。"

教师 T6："我一般都会给孩子们安排合适的工作。不过，他们的工作量并不大，如果工作量太大，孩子们就会失去兴趣。在孩子们工作过程中，我会加以指导和帮助。例如，如果有大米粒和汤渍的桌子，如何才能把它们擦得干干净净，扫地的方法应该是什么样的，如何按着顺序进行？在不断的实践练习下，孩子们很快就会了。"

教师 T3："我们班级有时也会布置一些工作，不过基本上都是孩子们自己动手做。在班级中，我常常鼓励孩子们三三两两地结成一队，把任务分配给他们。小朋友们也非常配合，大家都在一起享受着集体劳动带来的乐趣。在午餐后的散步中，我向他们讲述了劳动过程，在这样一个相对放松的氛围中，他们更乐于表达自己的想法，并作出积极反应。我发现即使是我们班级里的那些性格内向的学生，他们也会这样做。所以，我认为，我们要从婴儿开始，在幼儿园里，对他们进行系统的教育，让他们变成一个手脑都健全的人。"

通过与老师的访谈，可以发现在每个班级，都会有一项固定的工作，老师们也会根据每一个班级的孩子们的身体和心理发展的特点，选择适合他们的教学方式，从而让劳动教育能够最大限度地促进孩子们的发展和进步。同时，在这一过程中，孩子们的积极性也很高，他们很享受这一过程，体验到了劳动的乐趣。

（4）家园合作提供保障。"家园协作"是幼儿园劳动教育的一种重要方式，是巩固幼儿园劳动教育效果的途径，调查问卷中关于幼儿园教师和家长关于幼儿劳动教育交流情况，发现 20.60% 的老师说他们经常和父母进行交流。59.62% 的老师有时会询问父母，19.78% 的老师从来没有询问过父母。如表 5-17 所示。

表 5-17　幼儿园教师和家长交流劳动情况

程度	百分比
经常	20.60%
偶尔	59.62%
从不	19.78%

从表5-17可以看出，幼儿园与家长交流沟通的情况并不是频繁，多数老师并不会主动去关心幼儿在家的劳动情况，家长们也不会主动向老师进行沟通。

在深入了解之后，被问到"你是否愿意在幼儿园中更多地与家长进行互动的活动"。超过90%的老师对此表达了很高的期望，这表明老师都愿意也希望能够更多地进行相关的家庭合作劳动。

园长3："我们幼儿园将会有与之相对应的家庭劳动教育活动，例如，在种植区域，我们的父母与儿童将在春季开放的园地里播种，并在劳作中收获。浇水和施肥的时候，家长可能会少一些，有时候会把家长叫过来，但大部分都是老师在做。"

教师T10："这种活动，我们幼儿园也会组织，不过不多。我们要让家长们把孩子在家里做的事情，比如扫地、擦桌子的照片，或者是视频，用手机拍下来，然后在班级的微信群里共享，大家可以相互学习。与家长加强沟通交流，幼儿入园后我们也会让孩子们彼此讲述，分享他们在家里的生活，这是非常有意义的。虽然有，但也不是经常举办，一般都是在一些特殊的节日里。"

从以上的访谈中，我们可以看到，幼儿园会用"家园合作"的形式来进行劳动教育，而且他们已经意识到了"家园合作"的重要意义，也会自觉地去执行。但是，因为没有合适的工作场所和工作时间，所以开展的次数并不多，只有在某些特殊的节日才会进行相关的活动。

(5)角色扮演加深职业认识。在幼儿园中，幼儿可以用角色扮演的方式，比如警察、录音师等，来对不同劳动者工作的特征进行认知和了解，并对劳动者的辛苦劳动成果表示敬意。

教师T7："幼儿园之所以设计角色扮演活动，是因为不同行业的工作对于幼儿而言，既熟悉又陌生。如何才能让幼儿更好地认识到各个职业，让他们了解各行各业中劳动者工作的特征和方式，让他们了解劳动者的辛苦，引导幼儿了解成人工作的差异，使幼儿在日常生活中能够尊重劳动者的劳动成果，培养热爱劳动的情感。"

通过以上分析，可以发现在幼儿园开展劳动教育的方式是多种多样的。通过多种途径，如家园合作、角色扮演等来满足孩子的劳动需求，激发孩子对劳动的兴趣，从而促进孩子的全面发展。

（五）幼儿园劳动教育的评价频率和方式

评估是一种反映和反馈，而科学、准确的评估方法则是一种引导、激励的方法。

1. 评价频率高，评价方式主要是口头评价

如"幼儿的劳动结束后，你是否会对其劳动结果做出评估？"在调查中，有 29.43% 的老师说"有时"，5.21% 的老师说"从来不"，65.36% 的老师说他们"总是"。如表 5-18 所示。从这一点可以看出，无论是在活动进行时，还是活动完成后，老师对儿童的评价频率都是相当高的。

表 5-18　教师评价频率

频率	百分比
有时评价	29.43%
从来不评价	5.21%
总是评价	65.36%

在深入了解中，"您是怎样对幼儿劳动后进行鼓励和肯定的？"在该问题中，有 30.22% 的老师进行物质奖励，37.09% 的老师进行口头奖励，18.13% 的老师进行物质和口头奖励，14.56% 的教师没有奖励。如表 5-19 所示。

表 5-19　幼儿园劳动教育评价方式

方式	百分比
物质奖励	30.22%
口头奖励	37.09%
物质和口头奖励相结合	18.13%
无奖励	14.56%

可以看出，在对劳动教育进行评价的方式中，主要是以口头奖励为主要内容，在言语上对孩子进行称赞，在一些时候，在物质上还会奖励孩子们一些小贴纸，但是评价方式比较单一，并且基本上都是以最终的评估为主。这样做的另一个优点就是只注重孩子的劳动结果，而忽略了孩子的劳动过

程。通过对学生的观察，我们还发现，对学生的学习成绩的评价也是非常的单一化，主要是老师的评价。并且，在访谈中，一些老师说道："孩子还小，他们只能知道好与坏，具体的评估内容讲给他们听，他们也听不懂，或者很快就忘记了。"从这一点可以发现，教师对幼儿劳动的评价还没有得到足够的重视，还存在着评价主体、评价方式的单一和忽视过程性评价等问题。

2. 评价主体是教师

在幼儿园教育教学实践中，幼儿会针对老师提出的问题和内容，对自己和同伴的行为展开评价，但是他们很少自己主动地对自己的行为进行评价，从这一点我们可以看到对幼儿的评价主要是由老师提出的问题决定的，评价内容比较简单和不具体。在与老师和家长的访谈中，发现家长参与幼儿园活动的积极性也不高。

教师T12："我们幼儿园有一小部分家长会关心自己的孩子在幼儿园的学习表现，这部分家长会常常和我交流，询问幼儿园的课堂表现，而大部分的家长则很少关心今天的孩子在幼儿园学到了什么，老师们教的是什么，是如何教的，他们会不会感冒，会不会生病。"

教师T4："对于我们的各项活动，家长都很少参加，更不要说对劳动教育的评估。"

调查中发现，大部分的父母都会关注自己的孩子在幼儿园里学到的知识和技能，对幼儿园的劳动教育也不甚在意，很少有家长会过问幼儿园劳动教育情况。

(六)幼儿园实施劳动教育的效果

1. 幼儿参与劳动的积极性高

劳动教育的成效是衡量其成败的最佳标准。问卷关于"经过劳动教育，儿童是否能够自觉地从事劳动"的问题。有38.18%的老师认为幼儿可以主动劳动，29.95%的老师认为有时能有时不能，31.87%的老师认为是不能。从表5-20可以看出，幼儿具有很强的参与劳动的积极性，因此，开展劳动教育对幼儿来说是很有必要的，它能培养和加强幼儿做事的主动性、积极性，加深幼儿对劳动的认识。

表 5-20　幼儿参与劳动的积极性

程度	百分比
能	38.18%
不能	31.87%
有时能有时不能	29.95%

老师 T8："在劳动方面，幼儿是非常积极和热情的，因为他们的整体特征就是好动和活泼的。比如说，我在饭前的时候，询问哪位小朋友愿意帮忙，在给其他幼儿发放勺子、盘子、端饭等，孩子们都非常主动地举手，还抢着要帮忙。"

教师 T2："小朋友们在劳动方面表现得非常积极，特别是大班的小朋友，有的时候，我们班级里的小朋友在吃完饭之后，还会争先恐后地去给我送碗、扫地、拖地，在劳动的过程中，他们都会感到非常快乐，会觉得帮助他人是一件非常快乐的事情。"

教师 T4："我所执教的班级是一个中班，中班里的孩子都有很高的积极性，特别是那些性格活泼的孩子，他们很乐意为老师做些力所能及的事情，他们想要展现自己的能力，得到老师和家长的称赞与认可。所以，我和我们班的老师，为了能够更多地激发孩子的主动性、积极性，就把劳动当作是为团体服务的一种奖赏。特别是在我们班进行了劳动教育之后，孩子们参加劳动的热情变得更高了，有时候还会争先恐后地帮助老师做一些事情。我开始和小朋友们商量，制定一份值班时间表，安排小朋友们轮流参加工作，以免发生冲突，然后我们就开始按照时间表来做，每天值班的孩子们都充满了自豪。因此，我认为劳动教育对于儿童是非常重要的，它会对儿童起到很大的作用。"

研究发现，幼儿对于参加劳动的积极性是非常高的。在访谈过程中，一些家长还说，他们的孩子在经过了幼儿园的集体劳动教育之后，回家后会自己动手做家务，自己穿衣服、穿裤子，不用向家长求助，劳动意识明显提高。

2.幼儿初步掌握良好的劳动技能

针对调查问卷中的问题"经过劳动教育后，幼儿在园的劳动行为是否有显著的改变"的问卷收集情况，发现有 68.4% 的教师认为劳动教育对于提高教学质量有明显的改善，23.29% 的教师认为劳动教育对于教学质量的提高不明显,8.31%的教师认为劳动教育对教学质量提高没有改变,具体如表5-21所示。

表5-21　幼儿在园劳动表现情况

程度	百分比
有明显变化	68.40%
变化不明显	23.29%
没有变化	8.31%

在访谈中问及教师:"据您观察,参加劳动教育和没有参加过劳动教育的幼儿,有没有明显的成长变化?"的问题时,教师的回答如下。

教师T11:"我觉得我们班的幼儿在接受劳动教育后半年或者一年后,他们的自我服务能力提高了不少,有些孩子刚入园还不会自己穿衣服,吃饭都要老师喂,现在他们都已经掌握得差不多了。所以我觉得长此以往,我们班幼儿的能力肯定越来越强。"

教师T6:"我觉得变化不是很明显。幼儿和大中小学生不同,幼儿年龄小,劳动教育对于幼儿来说不是一蹴而就的,在开展劳动教育后,短时间内看不出幼儿发生了什么变化,这个需要长期的教育来施加影响。于是我就会在平常生活中,时不时地给幼儿灌输一些劳动教育内容,比如在餐后散步时,和他们交流,先让幼儿慢慢建立劳动意识,然后一步一步来形成习惯。"

教师T7:"我感觉有很大的改变。各个班的幼儿在平时参加班级劳动活动时,就有很高的积极性,在幼儿园的劳动中都表现得很积极,气氛非常活跃。通过对儿童进行劳动教育,各年龄段儿童的行为有差异。在经过教师的教育之后,小班的儿童就可以在很短的时间内,自己穿好衣服、鞋子等。中班的儿童可以协助教师擦桌子、扫地等。在大班中,这种改变最为显著。他们会自己把所有的事情都自己做完,有时候还可能会顽皮捣乱。不过,只要老师一提醒,他们就会改正。这几个小家伙在幼儿园里都挺乖的。"

教师T4:幼儿在幼儿园中进行的劳动教育,使他们的劳动技能得到了很大的提高。在家可以自己动手,自己刷牙,自己洗脸,自己起床,感觉很快乐。

通过调查发现,幼儿园的劳动教育对孩子们的劳动能力的培养起到了很好的推动作用,通过劳动教育,幼儿的身体发育得到了促进,认知能力得到了提高,情感得到了健康发展,社交能力得到了培养。

附录一：幼儿园劳动教育实施情况的调查问卷

老师您好！

此问卷旨在了解目前幼儿园劳动教育的实施情况。调查内容只对本研究使用，不对外泄露，请真实填写。感谢您的参与和支持！

第一部分　基本情况

1. 性别：女　男

2. 班级：小班　中班　大班

3. 最高学历：中专以下　大专　本科　硕士及以上

4. 教龄：1 年以下　1~2 年　3~5 年　6~10 年　10 年以上

5. 园所性质：公立　私立

第二部分　问卷部分

6. 您认为幼儿有必要进行一定的劳动吗？

A. 非常有必要　B. 有必要　C. 一般　D. 没必要

7. 您了解幼儿劳动教育吗？

A. 非常了解　B. 了解一点　C. 听说过　D. 不清楚

8. 如果有，您认为幼儿园劳动教育的目的有哪些？

A. 提高幼儿劳动技能

B. 增加幼儿劳动知识

C. 帮助幼儿树立正确的劳动观念

9. 您认为幼儿园劳动教育的内容有哪些？（可多选）

A. 自我服务性活动

B. 为集体服务劳动

C. 种植手工活动

D. 社会公益活动

10. 您认为可通过哪些途径来开展劳动教育？（可多选）

A. 一日生活渗透

B. 值日生活动

C. 劳动课程

D. 主题活动

E. 家园合作

11. 您所在的幼儿园是否开设专门的劳动教育课程？

A. 已开设　B. 未开设　C. 不清楚

12. 您会在幼儿园中给孩子布置固定的劳动任务吗？

A. 会　B. 不会　C. 不确定

13. 您会向家长了解幼儿在家参与劳动的情况吗？

A. 经常　B. 偶尔　C. 从不

14. 幼儿的劳动结束后，您是否会对其劳动结果做出评估？

A. 有时评价　B. 从来不评价　C. 总是评价

15. 您是怎样对幼儿劳动后进行鼓励和肯定的？

A. 物质奖励　B. 口头奖励　C. 物质和口头奖励相结合　D. 无奖励

16. 进行劳动教育后，幼儿能主动进行劳动吗？

A. 能　B. 不能　C. 有时能有时不能

17. 劳动教育后，幼儿在园劳动表现有明显变化吗？

A. 有明显变化　B. 变化不明显　C. 没有变化

问卷到此结束，感谢您的配合！

附录二：幼儿园劳动教育实施情况的访谈提纲(教师版)

老师您好！

此次访谈的目的是想得到一些关于本园劳动教育的实施情况。访谈内容只作研究之用，请您根据实际情况回答。

1. 您认为对幼儿来说，什么是劳动？什么是劳动教育？

2. 您认为在幼儿阶段，有必要在幼儿园对幼儿实施劳动教育吗？

3. 您认为当前幼儿园开展劳动教育的目的是什么？

4. 您所在的班级是否有开展劳动教育相关活动呢？

5. 您认为幼儿园可以开展哪些劳动内容？您所在的幼儿园都开展了哪些？通过哪些方式和途径的呢？

6. 您所在幼儿园有开展关于劳动教育的课程吗？如果有，有哪些？

7. 在开展劳动教育活动中幼儿会积极参与吗？活动之后效果如何？

8. 您会通过什么方式来评价幼儿的劳动成果？为什么？

9. 家长是否支持和配合你们开展幼儿的劳动教育？是如何配合的？

10. 当孩子在忙自己的事情时，您是否会插手包办呢？通常是怎么做的？

11. 您平时会学习劳动教育的相关知识吗?

12. 幼儿园有组织教师参加劳动教育的一些培训吗?

13. 您认为当前实施劳动教育主要有什么困难? 需要什么帮助?

感谢您的配合!

附录三:幼儿园劳动教育访谈提纲(园长版)

园长您好!

此次访谈的目的是向您那里获得一些本园劳动教育的情况。访谈内容只作研究之用,您根据实际情况回答。

1. 您在幼儿园工作多久了?

2. 您当园长多久了?

3. 您可以简单介绍一下贵园的基本情况吗?

4. 您认为什么是幼儿的劳动? 什么是劳动教育?

5. 您觉得在目前幼儿园有实施劳动教育的必要吗? 为什么?

6. 如果有,幼儿园开展了哪些劳动教育活动? 通过什么途径开展的? 幼儿表现如何?

7. 在实施劳动教育中遇到过困难吗? 遇到了哪些困难? 是怎么克服的?

8. 您有对教师进行劳动教育相关培训吗? 具体有什么?

9. 目前幼儿园开发了哪些教育资源?

10. 有没有相关专业或非专业的机构对幼儿园劳动教育开展过帮助呢?

11. 您认为在现在社会强调劳动教育的这个大背景下,怎样才能更好地实施幼儿园的劳动教育?

感谢您的配合!

附录四:幼儿园劳动教育访谈提纲(家长版)

家长您好!

此次访谈的目的是了解一些孩子劳动的情况。访谈内容只作调查研究之用,绝不外漏,您根据实际情况回答即可。

1. 您的孩子喜欢劳动吗? 比如做一些家务活之类。

2. 您认为在幼儿园有必要让孩子们劳动吗?

3. 您认为对于孩子们来说,有必要对他们实施劳动教育吗?

4.您的孩子平常在家里会帮忙做家务吗？都会做哪些家务？

5.您会要求孩子自己事情自己做吗？

6.您在平常会时不时和老师交流孩子在园劳动表现的相关问题吗？

7.您是否支持幼儿园开展劳动教育活动？

8.您认为对幼儿开展劳动教育之后,幼儿有明显的变化吗？

感谢您的配合!

附录五:幼儿园劳动教育观察记录表

观察时间:		观察地点:	
观察班级:		观察对象:	
观察方式:		观察方法:	
观察目的:			
观察阐述 (视频、图片、 文字均可)			

第二节
幼儿园劳动教育影响因素分析

一、传统劳动观念的制约

目前,我国教育实践中存在的轻视劳动教育的现象,与我们的传统劳动观有很大关系。自古以来,社会就存在着"万般皆下品,唯有读书高""学而优则仕"等思想,对古代读书人产生了深刻的影响。孔子提出了"君子谋道而不谋食"和"忧道而不忧贫"的观点,提倡以读书为本,对以劳作为生的学生持反对态度。在传统的儒学思想和文化熏陶下,我国古代的知识分子对劳动嗤之以鼻,甚至是蔑视,把劳动等同于社会地位的低下,导致了教育和劳动的脱节。这一传统的劳动观和教育观也一直持续到今天,并对人们劳动价值观的形成起到了直接的作用,并对家庭、幼儿园的劳动教育实践起到了很大的作用。在调查中发现,尽管大多数父母都觉得有必要进行劳动教育,但实践中,家长更关注幼儿的学习,对劳动教育关注甚少。他们认为,劳动教育以培养幼儿的生活技能为主,它只是帮助幼儿生活的一种手段,而没有重视它对幼儿价值观、内在精神的影响。在幼儿园教育教学中,老师们也把劳动的价值定位在培养孩子的动手能力和自理能力上,把劳动教育与学习生活的常规规范相提并论,而忽略了劳动对孩子的全面发展的重要性,出现幼儿园劳动教育边缘化现象。

二、传统儿童观的制约

儿童观,是指人们对于孩子的总体看法,儿童观将直接影响到教育目标的确定、教育内容的选择和教育方式的选择。儿童观念是伴随着时代的变迁而演变的,由"小大人"和"以成人为本"的传统儿童观念,逐步演变为"发现儿童"和"以儿童为本"的现代性儿童观念。但是,在教育实践中,传统的儿童观仍在发挥着主导作用,它从本质上否认了儿童劳动的重要性,忽视了儿童劳动的需要,儿童观的理论和实践之间还存在着脱节的现象,幼儿依然是一个被动的接受者。在调查过程中,我们发现无论是父母还是老师,都倾向于把各项劳动活动都包下来,从而忽略了幼儿参与劳动的主动性和幼儿的内在需求,在"功利主义"的儿童观念的影响下,当前的教育更多地关注当下的利益,缺乏对于未来人才需求的关注,大多用"定量"的尺度来衡量孩子的发展,造成我国的劳动教育面临着许多困难的局面。学前教育工作者应把现代儿童观融入教育教学实践中,完成从思想到行动的转变,在教育教学活动中推动幼儿的全面发展。

三、幼儿园教育的忽视

幼儿园是开展幼儿劳动教育的主阵地,目前,许多幼儿园根据国家课程建设要求,把劳动教育引入幼儿课程体系中,可是在具体的教学实施过程中,由于劳动教育老师的专业素养能力不强、学校认识不到位等原因,没有真正体现出劳动教育的实践价值,轻视了劳动教育对儿童身心健康发展的重要作用。许多幼儿园的课程设计主要针对幼儿的一日活动为中心进行安排,以幼儿的自我服务为中心,作为教学的主要内容,如游戏之后玩具的摆放、认识一些外界的事物等,这些内容的设计非常单一。在这些活动中,教师用劳动来引导孩子们建立正确的价值观念,忽略了劳动对孩子们的精神世界和人格品质的影响。除此之外,在这些活动中,教师更多的是培养幼儿良好的行为规范,让他们适应幼儿园集体生活,但是忽略了对幼儿的劳动意识、劳动态度、劳动能力以及劳动习惯等方面的培养,不注重对幼儿创造性的劳动精神的激发。为此,幼儿园教师要充分认识到开展劳动教育的重要性,充分挖掘一日活动中所蕴含的劳动教育课程资源,设定活动目标,丰富实践形式,把劳动教育有机融合在幼儿一日生活学习中,通过让幼儿积极参与教学活动,培养幼儿初步的劳动意识和劳动态度,为未来发展奠定基础。

第三节
幼儿园劳动教育发展方向

一、新时代幼儿园劳动教育的应然走向

(一)从片面育技走向全面育人,关照幼儿身心和谐发展

劳动教育的根本价值在于对人的发展,幼儿园的劳动教育是以培养学生的身体与心理的协调发展为核心的。在新时期,幼儿园的劳动教育应当从单一的技能育人转向全面的育人,强调以劳育为核心的价值引导,使幼儿树立正确的劳动观念,形成了儿童的劳动素质,培育儿童的劳动精神。

幼儿园劳动教育通过为幼儿提供一个真正的劳动场域,能够提高他们的自我服务能力,丰富他们对社会环境的认知,密切他们与社会生活世界的情感联系,并推动他们精神生命的自由成长。一是为了更好地体现出劳动教育的本体功能,适当的劳动能够给儿童提供动手操作、舒展筋骨的机会,培养儿童的劳动意识,端正其劳动态度,提高其劳动能力,让孩子们体会到参加劳动所带来的喜悦和满足,进而培养孩子们热爱劳动、乐于劳动的正面情感。二是要充分发挥劳动教育的"德性""强身健体"和"审美"三大功能。劳动教育为儿童提供了一个可以让他们完全沉浸在自己的工作中的机会,培养他们不畏困难、敢于挑战的精神,扩大他们的知识范围,促使幼儿大、小肌肉发展,提高感受美和体验美的能力,协调幼儿与大自然的关系,促使幼儿社会性发展。

(二)从脱离生活走向回归日常,联系幼儿的生活经验

生活本身蕴涵着大量的教育因素,回到生活中去,不仅是对现实中的教育进行终极的反省,同时也是对当前教育缺陷的一次强有力的修正。因此,幼儿园的劳动教育不仅要体现出对儿童经验的人文逻辑,创建一种有生命的教学方式,还要注重与孩子的生活相结合。幼儿园的劳动教育是以幼儿

的日常生活为基础的,要从幼儿的实际需要、兴趣和问题出发,确保教学内容紧密联系幼儿的实际经验和生活,科学设计劳动教育活动,加深幼儿对劳动的理解和把握,让幼儿充分体验劳动过程,提升幼儿劳动技能,培养正确的劳动观念。同时,要立足于孩子们的现实生活,把孩子们所面临的各种现实生活问题作为他们进行劳动教育的依据,引导幼儿参与传统农耕、手工劳作、收获果蔬等劳动,培养他们的劳动精神,围绕社会问题进行劳动教育,如环境保护、文化传承以及卫生安全等,充分挖掘现实生活中的社会劳动资源,引导幼儿体会领悟劳动的价值和意义。

(三)从身心缺场走向身心在场,强调幼儿的真实参与

幼儿通过参加劳动教育,自主探索、自由体验,体验生活的真实,解读劳动的意义,使个人的精神得到充实。新时代下,幼儿园开展劳动教学,给儿童更多的自由,以丰富他们的精神世界,要重视幼儿的真实参与,重视"身""心"的现实性,重视幼儿的实际活动。一是摒弃传统理论传授,重视幼儿的实际体验。体验是个体存在的一种主要途径,人类在体验中了解自我,并从中获取生命的价值,在劳动过程中,孩子们能够通过自己动手尝试、主动操作等身心上的自由体验,从而体会到自己的存在,体会到生活的意义。二是要打破单纯强调"脑力"的状况,构建"脑"和"体"并举的新的劳动教育环境。老师们不但要对幼儿的体力劳动予以充分的关注,还要让他们在亲身经历中,得到对于劳动的正确认识,并建立起科学的劳动观。在此基础上,要充分关注儿童的智力活动,促进儿童已经获得的工作体验的激发,发展儿童创意、发问、务实等方面的能力。总之,幼儿园的劳动教育要做到"劳动中有教育,教育中有劳动",让幼儿积极地参加教学活动,促进幼儿的健康发展。

(四)从强调结果走向注重过程,关注幼儿的成长变化

在对幼儿园劳动教育进行评价时,不能过于注重静态的外显成果,而要把重点放在幼儿在劳动中的成长与变化上,以劳动知识为起点,以学生的劳动能力为中心,突出学生的学习感情和素质,构建一个注重过程,注重发展的评价系统。

在新时期,对劳动教育的评价,不仅要注重劳动的物化结果、良好品德的培养和内隐品格的锤炼,还要注重幼儿在整个劳动过程中的各种表现,构

建一个多元化的、动态的评价体系。一方面要在纵向层面,将评价贯穿于劳动的全流程。在活动开展前,通过对幼儿的观察与谈话,对幼儿当前的活动有一个全面的认识。在劳动中,要注意幼儿在实际生活中自然的解放,创造力的充分发挥,感情的充分表现。作业结束后,对幼儿的整体行为进行最后的评价,着重于幼儿是否获得了相应的劳动经验和技能,是否养成了良好的劳动品质。另一方面在横向层次,重点关注幼儿整体表现。对幼儿的行为进行全面的观察和深刻的分析,关心幼儿在劳动中的知识、能力、情感等多种因素的变化与发展。幼儿园的工作是以孩子们的实际生活为依据的,要更加关注孩子们在活动中的实际情况和行为。例如,他们有没有学会互助、合作、协商与分享等行为,有没有获得好的情感体验,有没有养成崇尚劳动、主动劳动的心态,有没有获得精神生活的充实。

二、幼儿园劳动教育实施的建议

通过对幼儿园劳动教育实施的现状展开调查,将数据和访谈资料相结合,经过分析,得出结论:在幼儿园劳动教育中,存在着教师对幼儿园劳动教育的认知还不够深入等问题。针对这些问题,本书提出以下策略,以供借鉴。

(一)树立终身学习的教育理念,深入了解幼儿园劳动教育

什么是幼儿园的劳动教育,它的内涵是什么,它的实施又是怎样的,这些都需要老师们去学习、去理解和去探索。杜威曾经说过"学生毕业后,学习不应中断",跟我国古人所倡导的"活到老,学到老"的终身学习精神一致,在幼儿园劳动教育教学实践中,教师要具备终身学习的意识,让它成为自己专业发展的不竭动力,在教育教学过程中,不断地去了解与幼儿园劳动教育有关的内容,主动地通过进修、研究和论坛等活动。通过讨论、交流等形式,幼儿教师对劳动教育有一个正确的理解,对它的价值有一个清晰的认知,对它与孩子们的德智体美全面发展的关系有一个更深入的理解,能够更好地指导实践。

在访谈时,一位老师说:"劳动教育,主要是让儿童去做体验。我觉得劳动教育的目的应该是让儿童们喜欢劳动,爱上劳动。"然而,当被问及劳动教

育实施途径时,大多数教师的选择是让幼儿去打扫教室中的杂物,或者让幼儿去扫地擦桌子等活。根据劳动教育理论,儿童活动活动只是劳动教育的一部分,并非全部内容,为了使劳动教育更好地发挥其特殊的教育价值,各幼儿园和教师都应该正确认识劳动教育对于促进幼儿发展的特殊价值,从多个视角设计和研发劳动教育课程,才能促进后续幼儿园劳动教育的组织与实施,保障幼儿园劳动教育效果。

(二)落实保障,为幼儿教师开展劳动教育创造便利

在思想上树立了正确的劳动教育理念之后,还应该创造良好的条件,积极开展园本培训,使幼儿教师根据本园教育资源和条件对幼儿进行劳动教育。幼儿园要定期进行劳动教育主题的讲座和培训,提高教师对劳动教育课程的研发和实践能力,同时,教师要进行研讨活动,讨论和完善幼儿园的劳动教育制度、计划和课程安排,加强劳动教育的环境创设。在幼儿园的培养目标中,融入劳动教育,在劳动教育环境创设中,布局劳动教育的空间,加强劳动教育的教学时长和频次,充分发挥劳动教育对于幼儿发展的促进作用。

此外,幼儿园教师要科学制定劳动教育教育活动的学期计划、月计划及周计划,同时,充分相信幼儿,充分发挥幼儿参与活动的积极主动性,为劳动教育有效开展营造积极安全的心理氛围。如在一天的生活中,设立劳动打卡的版块,让幼儿用画画形式回顾自己的劳动内容,培养良好的劳动习惯,体验劳动成果,促使幼儿发展。

(三)丰富活动内容,调动幼儿积极性

第一,根据学段开展不同的劳动教育活动。如小班幼儿由于年龄、各种功能发育成熟程度的局限,无法做到生活完全自理,所以在幼儿园的劳动教育教学活动实施中,小班以提高孩子的生活自理能力为主,目的是让孩子掌握生活方面的知识,促进自理能力的提高。

第二,幼儿园应该增加一些具有拓展性和创造性的劳动教育活动,培养幼儿的创造力和想象力。如陶艺工作室、扎染工作室、种植园、小磨坊、小厨房、娃娃家和挖掘机等活动,让幼儿扮演各种角色,体验各种职业,模拟实践,初步培养幼儿劳动情感。

第三,幼儿园教师要充分挖掘幼儿园教育资源,积极搜集材料,紧密联

系幼儿生活,丰富和发展幼儿园劳动教育内容,如可以把劳动教育内容融入五大领域教育教学活动,在艺术领域,可以设置剪纸、手工、扎染等活动;在社会领域,可以增强幼儿对劳动者职业的认识;在语言领域,可以通过朗诵诗歌,增加对劳动人民的尊重。

(四)整合教育资源,家庭、社区与幼儿园协同育人

1. 加强家庭与幼儿园之间的合作

苏霍姆林斯基曾说过,"家长是儿童的启蒙教师"。孩子们第一次形成的行为习惯,第一次形成的经验,都来自家庭。劳动是人们日常生活中最普遍的一种活动,在家里经常会出现。但是,当今社会,独生子女的家庭很多,所以,在工作上,家长们包办幼儿事务的现象非常严重。此外,幼儿的养育除了由核心家庭之外,还存在着三代共同养育的现象,主干家庭里,更容易出现由于溺爱孩子而造成幼儿缺乏劳动意识的现象,同时,家长在家园协作中的参与程度也明显低于幼儿园教师,原因是家长对幼儿园的劳动教育不够重视,幼儿园教师应加强与家长的交流,以提高家长对孩子劳动教育的重视程度,防止幼儿园教育效果弱化甚至消逝现象的出现。

第一,可以通过科普宣传和家长课堂等形式,让家长们认识到劳动对于幼儿身心发展的重要性,转变家长"唯学习论"的教育观念。老师可以根据孩子的特点,指导父母因材施教,对孩子开展劳动教育。如搬椅子、擦桌子等,循序渐进,培养幼儿劳动意识和技能。

第二,幼儿园和家长应携手培养孩子们的良好劳动习惯,可以将幼儿在园的劳动内容或劳动表现与家长共享,当幼儿放学回家后,家长可以就幼儿在园学习的内容进行巩固练习,同时也可以对幼儿的一些不良的劳动表现进行教育纠正。

第三,幼儿园和家庭对幼儿的劳动教育,也要有持久性。一个好的习惯,不可能一蹴而就,而是要通过不断的实践来达到。家长和老师要避免在孩子的劳动教育中出现"三天打鱼两天晒网"的情况,不要对一些劳动规则进行随意修改。

第四,家长和幼儿园在劳动教育方面的协作,既可以单独进行,也可以共同进行。幼儿园组织一些以劳动教育为主题的活动,并邀请父母一起参加,比如,让父母参加到幼儿园的植树活动、园艺活动、劳动情景剧中,也可

以利用父母的资源向孩子们普及劳动知识等,这些都能让家庭和幼儿园之间建立起一种有效的联系,从而推动劳动教育的良好实施。

2. 加强社区与幼儿园之间的合作

调研中发现,由于社会上对幼儿园劳动教育缺乏足够的重视,幼儿园和社区之间的合作有待加强,社会对幼儿园的劳动教育缺乏有效支持。幼儿园所在的社区资源能够为幼儿园的教育提供良好的便利条件,幼儿园应充分利用社区丰富的教育资源,为幼儿劳动教育创造更多的可能性。在这一背景下,从幼儿园的角度来看,应该主动与社区建立良好的关系,加强与社区的交流,应该对幼儿园的教育教学进行宣传,并对幼儿园劳动教育给予积极的支持和配合。

在社会层面上,劳动教育要在社会中进行,社会能够为孩子们提供一个更大的环境,这对于孩子们在幼儿园中进行劳动教育是非常重要的。如在社区内清理垃圾,擦拭围栏,整理数据书籍,在春季种植树木,夏季拔除杂草,秋季清扫落叶,冬季的雪地清扫,以及重大的节日,如植树节和劳动节,都可以让孩子们到社区去参加。利用丰富的社区资源来进行教育活动,使儿童的劳动教育的内容和形式得到充实,使儿童能够在现实生活中的劳动实践中更好地了解劳动,热爱工作,初步培养幼儿良好劳动习惯。

第四节
幼儿园劳动教育实践方向

劳动教育是激发学生精神成长的重要途径,学生在劳动教育中,能够获得丰富的生活经验,汲取精神成长所需的营养,获得自我发展的力量,实施劳动教育应回归学生本身,填补教育世界与劳动世界的间隙,引导学生养成崇高和饱满的人格,实现心灵的自由创造,收获幸福人生。

一、劳动教育从"远离自然"走向"回归自然"

古希腊哲学家柏拉图认为,自然是一种有意义的秩序,它包括了人类所需要的"善"。在自然中,隐藏着人性发展的本质,作为意义秩序的自然,是人类生活的出发点,它的意义决定着人类生活的意义,而教化的过程,就是人在理性心灵的引导下,向善的过程,"柏拉图的自然"是一种以"善"为最终目的的有意义的次序,人是从自然中走出来的,是从自己的追求中走出来的。因此,要使人的本性得到完美的发展,就必须使人回归本性,使人的行为成为一种引导人走向善的行为。劳动是人类与自然界进行物质交流的媒介,它为人类与自然界搭建了一座桥梁。因此,以劳动为媒介,引导人的精神向善的实践活动——劳动教育,必须回归自然,并与自然建立适当的关系。

(一)遵循儿童的内在秩序

劳动教育的本质属性是一种对人进行培养的社会实践活动,因此,它必须服从并服务于学生的内在本性。要做到"适情""适势""适度",要求实施劳动教育应遵守孩子们内心的自然规律,在劳动教育的教学内容、教学形式、课程安排等方面,尊重幼儿自由的内在生活和内在时间。

1. 个体内在的自然是劳动教育的起点

卢梭认为,人类的教育无非是"得之于天""受之于人""受之于物"这三个方面。卢梭的思想充满了乌托邦的味道,是对自然情感的一种开放,它揭示了人类对自然的一种敬畏,它是一个人生存的出发点,人们能够把自然中的美好和美好的东西完全地融入当前的个人发展中去,将其投射到劳动教育的范畴中,就是将儿童的内在生命本性作为劳动教育的出发点,而这个出发点不仅指的是时间维度上的原点,还指的是在空间维度上促使幼儿发展的生长点。

劳动教育是一种以劳动为手段的教化方法,是一种观照学生内心走向善的实践,必然是以学生内心的本性为出发点,遵循学生个人发展的内部顺序。"返璞归真"并非将"返真"与"整体性"相提并论,而是将其作为整体性去指向教育教学实践,劳动教育的终极目标也不是要培养出一个纯粹的自然人,它是将目前劳动教育与自然分离的现状联系起来,将儿童的生命自然作为劳动教育的出发点,以此来与目前劳动教育实践中存在的诸多遮蔽进行抗衡。把"自然"看作是"劳动教育实践"的一个向度,把"自然"纳入"劳动教育"的精神成长中来。

2. 个体内在的自然是劳动教育的时序

只有当劳动教育与学生自身内在的自然规律相一致时,才能更好地实施有针对性、综合性的教育,提高幼儿的劳动素养。要进行劳动教育,就必须按照幼儿自身的内在规律来进行,具体表现为以下两个方面。

(1)个人内在本性在年龄层级中的时间序列。人的身体和心理发育的特征因年龄而异。从总体上看,人的身体与心理发展具有顺序性与阶段性,每个年龄段所承担的任务也是不同的。只有当儿童认识到自己的努力是有创造性的,认识到劳动的巨大社会价值时,他们才会真正地爱劳动,如果强行让学生干活,就一定会与他们发生冲突,而且越是逼迫,他们就愈加抗拒,因此,在进行劳动教育时,一定要与学生自身的自然年龄序列相适应,要坚持"量力而行"的教育原则。劳动教育是一种以劳动为载体的教育,它的劳动强度、劳动形式都要与学生的内在天性相适应,针对不同年龄段的学生,采取不同的劳动强度、劳动形式,充分体现出适宜性原则。

(2)人内在本性表现认知方式的时间序列。学生的内禀性还体现在他们的认知方式的发展上,也是有规律可循的。瑞士心理学家让·皮亚杰的认知发展理论揭示了儿童内在的自然认知发展的规律。他认为就像有机体的结构是为了适应环境,儿童的心理结构也是为了适应其发展的阶段或所呈现的外部环境。皮亚杰将儿童的认知发展划分为四个阶段，即感觉—动作阶段、预操作阶段、具体操作阶段和形式操作阶段，每一个阶段的特点是思维模式的质变。另外，人们对皮亚杰关于儿童道德认识的发展也有了一定的认识，皮亚杰将儿童的道德认识分为三个发展阶段，即"前道德""他律道德"和"自律道德"。发展心理学、认知科学等方面的理论突破，对于开展劳动教育具有非常重要的借鉴价值。在进行劳动教育时，应该按照学生不同的认知方式的发展阶段来进行，对教学内容进行合理的安排，分阶段、有重点地培养学生的认知能力。除此之外，要抓住学生认知发展的关键时期和最佳的教育时机，才能起到事半功倍的效果，增强劳动教育的实效。

（二）挖掘自然的教育资源

当前，我国幼儿园的劳动教育主要集中在幼儿园的教室和课堂，劳动教育的内容被分割开来，或者与现有的课程相结合。在调研中发现，劳动教育教学实践还是使用传统课程的教学方式，采取"讲解—接受式"的教学方式，教学内容通常是以劳动知识、劳动技能、劳动情感等为主要内容，特别侧重对于劳动知识的讲授，忽略对幼儿进行劳动技能和劳动情感的培养。这种脱离了自然的劳动教育，把学生的教育场地禁锢在教室里，学生丧失了与大自然近距离接触、感知大自然、在大自然中体验劳动之美的机会，阻碍幼儿健康全面发展。在针对幼儿进行的劳动教育实践中，必须对自然环境中的教育资源进行全面开发，设计出适合幼儿发展的劳动教育课程。

1. 回归自然空间

苏霍姆林斯基曾把自然视为"活的源头""最好的书籍"和"最主要的知识来源"，并把它视为"最有价值的东西"。卢梭认为人在成长演化过程中，社会制度与都市生活对人性本善本性造成破坏，所以，在幼年时期，他提倡离开充斥着邪恶的都市，回归农村纯真的自然之境，促使幼儿接近自然，顺从自然，从而实现人与自然的和谐发展。斯宾塞相信"自然是最好的导师"。当今在应试教育和网络时代，都市化的快速发展，以及严重的生态问题，导致幼儿几乎完全脱离了自然，逐渐变成"森林里的最后一个孩子"，造成幼儿缺乏探索、体验和主动学习的现象。

劳动教育是为了缩短生命和大自然的关系，弥补生命和大自然之间的鸿沟，使儿童能够在现实的环境中进行学习。2016年，教育部等11个部门下发《关于推进中小学生研学旅行的意见》,文件明确要求各地将研学旅行摆在更加重要的位置,推动研学旅行健康快速发展,研学旅行是将学校教育与课外教育结合起来的创新的学习形式,让儿童在获取劳动体验的过程中进行。让儿童亲近大自然,扩大他们的眼界,增加他们的学识,并在大自然中发展他们的社会责任感、创造精神、动手能力。例如,种植、园艺、徒步、野营、垂钓和观察野生生物等方法,强调人与自然之间的关系,促使幼儿认识自然,亲近自然,感受自然,尊敬自然,爱护自然,此外,还可以借助诸如"少年之家"校外场所,让儿童重返大自然,享受大自然带来的快乐,促使幼儿身心健康发展。

2. 挖掘课程资源

自然环境,通常是指环绕在人们周围的自然界,它包括了地理空间,以及气候、土壤、山川等作为生活必需品和劳动对象的自然条件,包括江河、矿石、花草树木等。自然环境的教学意义重大,在自然环境中,其地理空间以及作为生产资料和劳动客体的种种自然因素,都能转换成教育资源或为教育教学提供帮助。自然环境中的地理空间,作为生产资料和劳动对象的多种自然条件,都能够成为课程的材料或资源,是一种作为行动、情绪、心态、价值观的载体。而自然环境的地理空间、生产资料与劳动的客体等诸多自然因素,又在很大程度上影响着学科教学的规模与层次。这样,他们就成为了物质、空间、场地,这些都会直接影响教学的范畴和层次。

自然环境中蕴藏着丰富的课程资源,其中不仅含有自然界生存与变化的信息,还含有对文化发展与文明作出响应的信息,可以成为课程活动的内容材料,为达到教学目的提供多种支持。在劳动教育中,对自然条件下课程资源的优势有一个全面的认识,应从自然界中发掘和利用各种课程资源。自然课程资源具有以下优点。

第一,广泛性。自然课程资源在校园内外的自然环境中都有广泛的分布,它以地理空间,以各种生产资料、劳动对象的自然条件为载体,让学生通过自己的亲身经历,获取最基础的、最原始的自然环境信息,进而构建出与客观事物的特性相一致的经验与知识体系。

第二,实践性。与传统课程相比较,自然课堂教学资源更多地与学生的生活息息相关,更多地体现了自然课堂教学资源的多样性。学生可以亲身参与等特征,为学生提供了多种形式的信息刺激,将学生的多种感官都调动起来,激发了学生的兴趣,让学生置身于一种快乐的环境之中,在快乐的环境中增长知识,培养学生的情感,这些都是传统课堂所不能取代的。

第三,可持续性。在自然环境中,课程资源以真实的自然环境为载体,随着自然环境的改变而改变、发展,这是一项具有可持续性的课程资源。在进行劳动教育时,应该对自然环境中的课程资源进行充分挖掘,以劳动教育的特点和实际需求为依据,对合适的、有教育价值的资源进行选择,并将其作为课程资源,从而推动学生在知识、技能和情感上的有效学习。

教师进行劳动教育的课程开发时,应深入理解自然资源、人文生态以及它们与人类可持续发展之间存在着的密切关系,充分挖掘自然环境中存在的课程资源,并与人类的可持续发展相融合,结合现代社会发展趋势,通过对"人"与"人"共生的教育支撑体系和实施策略的研究,在学校层次上,建立人文与自然共生的教育体系,扩大"自然"与"人文"共生性的教育理念的内涵。这一方面,可以通过项目的方式,对自然条件下的课程资源进行综合整合,突破学科间的隔阂。以学生在不同年龄阶段的身体、心理发展特征为依据,制定出一系列主题,并以探究式学习的方式,指导学生积极、主动地参与到主题学习的探索中。另一方面,充分发挥学校在发展过程中的积极主动性,将自然资源融入学校的劳动教育中,通过这种方式,为劳动教育课程的实施提供"从生活走向课程"的辅助性课程资源,扩大劳动教育校本课程的范围,提升了劳动教育校本课程开发的质量和效率。

二、劳动教育从"身体规训"走向"身体解放"

西方中世纪的教育主张教育对肉体的直接约束,直至今日,在劳动教育教学实践中,人们或忽略,或曲解,或轻视了身体。根据现象学关于身体的认识,教育中的"身体"是指"身"与"心"、"灵"与"肉"的复合结构,具有主客体的结合无限的可能性、开放性和预见性。在对"缺失的身体"进行整体性思考的基础上,劳动教育正面临着一场"身体转向"的革命,即从"身体规训"到"身体解放",不断地对"身体"进行"祛魅"。

（一）完整的身体观：从离身走向具身

劳动教育的身体转向指的是"打破感知或者结构的二元性思维方式"，建立一种"完整的身体观"，不再把身体放在物的体系中进行考察，还回身体的整体面貌。整体观是指教育客观地观察"完整人"，从生理、心理、情感、认知、文化、社会等多个方面对肉体进行思索，给予了肉体以尊严和生命的存在。具身认知是一种对身心二元对立思维方式的偏离和反叛，它将解构并颠覆感知或结构的二元性思维方式作为自己的使命，搭建了一座将身体与心灵连接起来的桥梁，将被掩盖在身心二元对立之下的身体还原出来。身体与感知、实践有关，超越主、客的二重性。在教育领域，对于具身认知而言，需要将传统的肉体与精神二元对立的思维模式进行彻底净化，尤其在教育领域中，对被掩盖的身体进行审视，建立起完整的身体观，在劳动教育中，不仅要重视学生身体的生长和发展，还要重视对他们的感官认知、情感意志和行为习惯的培养，更要重视学生的整体素质，包括感性和灵性，以及与他们的生活有联系的社会历史文化，只有这样才能真正实现幼儿的全面发展。

（二）重建身体与知识的教育关联

20世纪90年代中叶，部分学者开始主动地寻找一条对生活经验、个人行为进行解盲的道路，从而走出被"结构""后"等封闭的困境。在知识传播的过程中，身体的作用愈来愈重要，而知识观念的变化，更是使人认识到了身体的重要作用。法国思想家梅洛·庞蒂否定了"接受说"，认为肉体是一种纯粹的客体，他把身体看作是人的主体，是人的意识的归宿。身体是我们积极的"活着的工具"，它给我们一种观察周围环境的视角和经验。现象学认为，世界的构造、含义、对象的整体，并不是在我们的存在之前就被给予的，它是通过作为媒介的肉体经验而获得的。具身性主体以其所处环境的实际介入作为中介，并通过在其存在的情境下所形成的意向，而非受何种治理规则或话语规则的影响，从而形成引导和宗旨。

传统的知识观把知识看作是客观、普遍、中立的表现形式，深陷"知识崇拜"的泥潭。而后现代知识观，则是基于对传统知识的偏离与反叛，它将对传统知识的客观性与中立性进行了解构与颠覆，并将其视为自己的使命，并将其视为一种不确定、情境性、多元性、动态性等特征。劳动教育不能仅限于传授既定的、客观的、普遍性的知识，还需要创造出一些具体的、生活化的情境,让劳动教育的参与者在自己的劳动实践中,构建出自己的、具有个性化的、情景化的、多元化的知识体系。在进行劳动教育的过程中,教师已经不再是将一个预设的知识体系原封不动地塞给学生,而是通过身体体验这一中介来探求、发现、构建知识的支持者、帮助者和引导者。在劳动体验中,肉体以"在场"的劳动、经历、亲临劳动的方式,参与到劳动教育的生成中去,进而达到由"身"入"心"、"身心合一"的生成途径。卢梭在他的《爱弥儿》一书中,对体力劳动给予了很高的评价,认为体力劳动是改造身体和认识的一种有效的媒介:"在人的各种生活方式中,体力劳动是最能让人更接近于自然的一种方式……在生产过程中,它把触觉、视觉和脑力结合起来,让人的身体和精神都融合在一起,从而促进人的健康发展。"

(三)关注幼儿生命和情感体验

随着人们对身体的认知越来越深刻,曾经被认为是灵魂的居所的身体,现在被认为是一种象征,是人的生命的基础。由于"身"是人生之"根","身"对人生有着本源的意义,"身"就成了人们掌握自己人生的方法。人的生活和生活经验,并不是一种抽象的东西,它是一种真实的、具体的身体经验。教育通过对学生生命自由、全面、和谐发展的审视,可以使教育达到"返璞归真"的目的,从而达到成人的教育目的。

"身"是"心"的载体,"身"与"情"密不可分,"心"的教育关注"身",也就是"心",即"心"。在劳动教育中,情感作为一种不可缺少的因素,对劳动教育具有直接或间接的作用。无论是学生还是老师,在进行劳动教育时,都会产生厌倦、愉悦、烦恼等情绪,情绪会影响他们的看法和行动。在劳动教育的过程中,重视主体的感情世界,可以帮助我们提高教育的效果。教师在进行劳动教育的过程中,一方面要对学生的理性思维进行发展,另一方面要积极地引导学生去体验人生,感受生活,在具体的劳动情境中,生出与自身有着紧密联系并能引起心灵共鸣的切身劳动体会。

三、劳动教育从"疏离生活"走向"贴近生活"

从本书先前的调查情况来看,劳动教育逐渐脱离了学生的现实生活,越来越多地表现出为重知识、轻情感的倾向,劳动教育"工具化""去体验化"现象日益凸显,教师的教学过程呈现"成人世界""书本世界"和"符号化",缺乏符合幼儿生活的"生动鲜活"和具体地体验世界。劳动教育要融合学生的生活世界,加强与学生生活和当代社会的紧密结合,以生活为基础,激发学生自主发展的"活性因子",从生活中学会劳动,让他们过上体面而快乐的生活,从而创造生活,美化生活,开拓生活。

(一)内容上联系生活,突出生活性

劳动教育是从生活中产生的,它包括知识技能、过程和方法,以及劳动素养、劳动感情和劳动态度等。劳动源于生活,并非无中生有,是社会生活的必然要求。对生命的关心,也就是对这些来自社会生活的实际需求的关心。

第一,生活是教育的源泉。贯彻落实劳动教育课程标准、选择和组织教学内容,制定课堂教学设计和安排教学活动,要坚持从实际生活的角度出发,以生活为源泉,要保证劳动教育与日常生活的内在联系。劳动教育应该与学生的现实生活紧密相连,对学生的生活世界和劳动世界进行统一,将学生个人生活与社会生活、书本世界与生活世界、直接经验与间接经验之间的隔阂打破。杜威强调个体的真实生命体验,并将生命视为教育的"活水",主张"要达到教育的目标,就一定要从生命体验,也就是个体的真实生命体验入手"。在劳动教育教学实践中,将生活作为劳动教育的源泉,改变依赖于通过知识化的学习来培养学生的劳动素养的思维,对劳动教育的学习内容和学习方法进行改革,以幼儿熟悉的劳动生活为主题,整合课程内容,组织教育教学,避免出现传统的劳动教育中忽略学生主体地位的现象,鼓励和提倡幼儿积极地参加各种各样的社会实践活动、公益劳动等,在实践中学习劳动知识,培养劳动能力,从而提高自己的劳动素养,提高自己的智力。把生命当作起源,就是从生命的真实、生命的需求、生命的迷茫开始,打破幼儿生活世界与劳动世界之间的隔阂,在真正的劳动经验中,用自己的双手、头脑、行为去实践和体验,初步掌握劳动技能和培养劳动习惯和情感。

第二,在生活中学习。"生活"既是教育的目标与终点,又是与之相适应的过程与方法。目前正在进行中的新课程改革,提倡从学生自己的生活经验中进行学习,这个学习的过程就是他们的生活经验在不断地进行着重组和改造,在这个过程中,孩子们的生活经验也在不断地进行丰富。很多劳动教育,如酒桶作坊、打铁作坊等是培养幼儿观察能力、创造能力、积极想象力的各种要素的场所,培养幼儿的核心素养。当今世界,很多国家的劳动教育都强调"从生活中学",把劳动融入生活中去,如日本"食育"就把劳动教育的内容融入与学生的生活密切相关的"食物"中,比如要求所有的幼儿一起承担"责任田"的责任,种水稻、大米、水果、蔬菜,老师还会带同学们到附近的菜市场购买食材,鼓励幼儿参加"乡土料理"盒饭及日本风味小吃的制作及派送,让幼儿亲身感受食物的生产、加工及食用的整个过程。让学生在每天的日常饮食过程中,用自己的亲身参与和体验的方式,对食品的生产、加工过程有一个全面的认识,对地方食品生产者与消费者的联系,对食品知识和食品安全、珍惜粮食、勤俭节约等劳动观念等一系列劳动教育的内容有更多的了解。

(二)领域上覆盖生活,重视家庭与社会

在幼儿的成长和发展过程中,学校、家庭和社会都扮演着举足轻重的角色,因此在进行劳动教育的过程中,需要全面地涵盖学生生活的方方面面,积极地将学校、家庭和社会的劳动教育有机地联系起来,形成一个有效的教育合力,提高幼儿的劳动素养。

第一,学校、家庭和社会都可以为幼儿提供不同的劳动体验和机会。在学校中,可以通过主题活动、实践综合课程等方式来帮助幼儿了解劳动的重要性和价值。在家庭中,家长也可以通过日常生活中的家务劳动、园艺等方式来培养幼儿的劳动意识和能力,同时,在社会中,幼儿也可以通过参加志愿服务、社会实践等方式,掌握初步的劳动技能,培养社会责任感。将学校、家庭和社会的劳动教育有机地联系起来,不仅可以丰富学生的劳动体验,提高学生的劳动素质,还可以帮助学生更好地理解和认知社会,培养他们的社会责任感和家国情怀。因此,我们应该在进行劳动教育的过程中,积极地将三者结合起来,形成一个全方位、多角度的劳动教育体系,帮助学生更好地成长和发展。要积极开展家园共育,鉴于劳动教育本身的特殊性,使家庭既有丰富的、有潜力的教育资源,又有机会参与劳动教育,如果忽视父母也是教育主体,他们也承担着劳动教育的责任,就会扩大甚至泛化幼儿园教育对于劳动教育的作用。所以,在实施劳动教育时,积极与家长协作,充分挖掘家庭中潜在的劳动教育资源,在与家务、厨艺、自助服务等有关的工作内容

中,充分发挥家庭对于幼儿发展无可取代的作用。

第二,对社会资源的最优利用。1990年,美国联邦政府通过《国家和社区服务法案》,首次将服务性学习确定为旨在拓展和强化社区服务计划并为其提供示范经验的"服务性学习",利用社会资源的教育效益,积极开展各种服务型学习,将学校学习与社会服务相结合,培养并促进公民意识与社会精神。学生们可以通过积极地参加经过精心设计的社区服务,在获取反思性服务体验的过程中,提高自己对社会问题的认识,增强自己的公民责任感和认同感。在进行幼儿园劳动教育时,不仅需要注重幼儿的直接经验和真实情境,也需要关注教育内容的文化价值取向和教育方式的文化表达符号,应该通过劳动教育培养学生的劳动技能、实践能力和社会责任感,同时也要注重学生的知识获取、思维能力和创新能力的培养。只有这样,才能真正实现劳动教育的目标,帮助幼儿成长为有用的社会人才。

四、劳动教育从"被动接受"走向"积极体验"

学生通过自己的劳动经历而获得的是"直接经验",用书面的符号来记载、表达的是"间接经验"。但是,要使这些外部的"间接经验"真正地激发出学生的劳动体验,就必须使这些语言符号与他们所说的真实的劳动体验相联系,也就是使这些语言符号具体化,使前人的劳动经验具体化,这一过程的实现与幼儿的积极的经验密不可分。在此过程中,幼儿以自己的全部"自我"去感知和体悟事物,意识到自己和自己的工作之间的联系,产生情感上的共鸣,产生更大的创造力,深化认识,由此突显出劳动教育的主体性、情境性、生成性。

(一)重视情感作用,激发体验者的活力

劳动体验是一种特殊的主体与客体之间的关系状态,它基于对劳动的深刻、真切、透彻的感受和理解,从而对劳动产生情感并赋予其意义的活动。在这个过程中,经验和感情是密不可分的。情绪是人与人之间相互影响的重要因素,没有感情,就不会有经验,经验的起点和终点都是感情,经验是一种能感染人,能触动人的情绪体验。在积极的情感体验活动中,主体会伴随着深刻而强烈的情感反应,从而对事物产生一种积极的态度,将自己的身心

完全投入其中,并在心中与所体验之物相互融合。而负面经验则会让受试者对其所经历的事物抱有厌恶、疏远甚至排斥的态度,并且与其所经历的事物保持着一条清晰的界线。劳动体验会对幼儿的情绪产生直接的影响,积极的劳动体验会让儿童产生愉快的情绪反应,唤醒他们心中的愉悦感。沉浸在工作经验中,幼儿会更加积极参与其中。劳动教育的目的就是要在幼儿时期,培养幼儿对劳动的热爱,并在他们的劳动体验中,将劳动情感态度内化于心。

1996 年,法国引进了美国以"LA MAIN A LA PATE(LMLAP)"为名的"动手做"教学改革。提出了"十大金学",其中最引人注目的一点,就是劳动对儿童积极情绪的认知调节有效性的高度重视,对儿童的好奇心的尊重,以及儿童对身边事物的关注。法国"LMLAP"模式的实施,为我国进行幼儿劳动教育提供借鉴,即在儿童的自然状态下,尊重儿童的求知欲,重视儿童的求知欲,激发儿童的深层劳动体验,促使儿童形成了对劳动世界的深刻认识。

总而言之,劳动体验指的是一种能够产生出与体验者本身有着紧密联系的、独一无二的感悟或意义的情绪反应。在劳动体验过程中,要注意对幼儿的自然本性进行保护,这样能够促进幼儿的创造力的发挥。在这个过程中,孩子会得到满足。

(二)注重体验,引发积极感悟

经验是一种独特的人的心理活动,通过感受、理解事物,发现事物之间存在着某种联系,产生了内在的情感反应。经验与认识的区别在于,经验常因人而异,其原因在于,认识侧重于掌握事物的客观特性,经验并不局限于认识掌握事物的客观特性,更重要的是对人内在情感的直接把握,以及由此而产生的意义。根据经验的特点,引导学生做劳动的亲身经历者,引导学生在劳动过程中用"自我"去经历,去体味,去反思,去感动,去唤起隐藏在内心深处的幸福与满足,积极参与劳动。

幼儿在劳动经历中,自我领悟,自我成长。1984 年,美国凯斯西储大学教授大卫·库伯在其著作《体验学习——让体验成为学习和发展的源泉》中,重点阐述了"从经验到知识的转化"的内涵,并在此基础上,借鉴了杜威、库特·勒温、让·皮亚杰等著名学者的研究成果,创新地提出了"四阶段体验学习循环"(见图 5-2)。这个模型建构了程序化、科学化的体验学习过程,包括具体实验、反思性观察、抽象概念化和主动实践。大卫·库伯的体验学习圈为我们引导幼儿成为劳动教育真正的体验者提供了重要的理论借鉴。

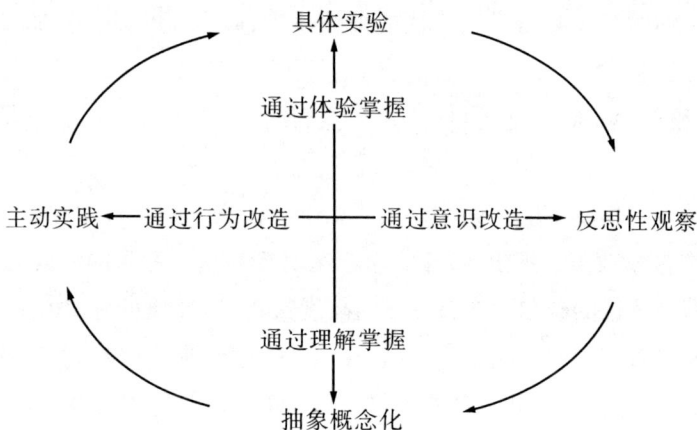

图 5-2　四阶段体验学习循环图

苏霍姆林斯基曾经说过:"我们的劳动教育,是要让每个人从幼年开始,就认识到,劳动可以更充分地、更明显地发展自己的天赋,并为自己的精神创造带来快乐。"幼儿通过参加劳动体验对世界进行认知,在师生、生生、自我之间的交往和互动中可以获得具体的劳动经验和实践,在这种共同的经验中,通过师生、生生、师师之间的分享和交流,不同观点之间的融合与碰撞,促进幼儿智力、想象力和创造力发展。

(三)关注地域文化,创设劳动体验环境

经验是由"串行信息"(如符号、词语)与"并行信息"(如动作、情景)相互影响而构成的一种意象性思考过程,经验是一种独特的行为,它是一种具有历史性意义的经验,在劳动的实践场景中,主动发掘区域文化要素所蕴含的教育内涵,将其与实践情境相结合,直接面对体验者的生命发展的真问题,挖掘劳动教育中的社会生活和地域文化等多种环境要素,发掘并突显其中真善美的价值要素,并使之协调,在劳动教育实践中要立足于地方文化,发掘地方文化中蕴含的教育性因素,从地域文化和民族文化中汲取营养,营造一个良好的环境,使学生能够主动地参加到工作中去,让劳动教育与幼儿的人生成长更紧密地联系起来。

第五节
幼儿园劳动教育实践对策

在幼儿园开展劳动教育不仅需要一定的理论支持与指导,而且需要在实际工作中进行实践与完善,本章从幼儿园劳动教育的价值理念、课程建设、实施方式、保障措施等四个方面进行了探讨。在此基础上,结合当前我国的实际情况,提出了在我国开展劳动教育的对策。

一、提高思想认识,转变传统观念

(一)转变教师教育理念,培育幼儿正确的劳动观

劳动教育的主体是老师,教师的教育观和劳动观不仅关系到儿童的成长,也关系到儿童的劳动价值的塑造。纵观我国劳动教育的发展史,封建时代,由于劳动与教育之间存在着阶层差异,"万般皆下品,唯有读书高"这一观点已为人们所公认,这就造成了我国在劳动实践中对劳动教育的滥用和扭曲。新中国成立后,党和政府重新确立了"以人为本"的教育方针,并强调"以人的生产活动为中心",强调人的"本位",强调人在劳动中的作用,随着科技的不断进步,我国对高质量的人才提出了更高的要求。在新时期开展幼儿园劳动教育,教师要不断地更新教学观念,挖掘新时期劳动的教学价值,建立科学的教学观念,挖掘幼儿的多样性和创造力,将劳动教育与幼儿园各项活动融合,帮助幼儿树立起正确的劳动价值观,发挥幼儿的劳动潜能,培育幼儿积极主动参加实践活动的劳动习惯。

(二)更新家长育儿理念,巩固劳动教育效果

儿童的发展离不开父母的指导和支持,幼儿在学习和发展过程中,知识仅仅是其中的一部分,更重要的是要对儿童的各种能力进行培养,调研中发现,有些父母秉持错误的育儿理念,仅仅重视儿童智力的发展,培养孩子的智能,而忽略了孩子的其他方面的发展,对幼儿的全面发展不利。当今社

会,需要的是一个能够全面发展的高素质的人才和多元化的、时代化的建设者,为此,父母应树立科学的育儿理念,充分认识到"劳动"在儿童成长中的重要性,并加强对儿童的家庭劳动教育,理解并支持幼儿园的劳动教育,巩固幼儿园的劳动教育成果。

二、加大幼儿园劳动教育课程建设

(一)制定适宜性教育目标

幼儿园的劳动教育课程目标的确定要依据《纲要》和《指南》中明确的五个方面的教育目标,依据幼儿的年龄特点,身心发展水平,《指南》提出,要培养儿童良好的生活和卫生习惯,培养儿童的基本生活自理能力,并学会关心尊重他人。同时,《纲要》要求"幼儿园应与家庭、社区密切合作,与小学相互衔接,综合利用各种教育资源,共同为幼儿的发展创造良好的条件"。在幼儿园教育中,要与家庭、社区三方合力,让幼儿认识并了解与他们生活相关的各个职业的工作,培养孩子热爱劳动,尊重劳动成果。幼儿园的劳动教育主要是为了让幼儿在实践和锻炼中掌握基本的劳动常识和技能,树立正确的劳动观念和养成良好的劳动习惯。通过引导幼儿参与各类劳动活动,并根据儿童的发展特点和《指南》中的特定目标来确定课程内容,培养幼儿的能力和劳动素养。

(二)丰富课程内容

鉴于目前幼儿园劳动教育存在的以幼儿生活技能训练为中心,将体力劳动等同于劳动教育,而忽略了劳动教育所蕴含的丰富教育内涵的现象,新时代的劳动教育应遵守幼儿的发展规律,将课程内容与时代紧密结合,课程内容应该不仅包括幼儿的生活自理劳动,还应该包括集体劳动、种植、养殖、游戏和手工劳动等,通过游戏和实践,在劳动过程中创造美,培养幼儿美感,同时鼓励幼儿积极参加集体劳动活动,提高他们在集体劳动中的参与感和体验感,让幼儿参与到种植、养殖的劳动过程中,让他们更加亲近、热爱和保护自然,加强幼儿的责任感。

三、优化幼儿园劳动教育实施方式

（一）转变教学方式，突显育人功能

幼儿园劳动教育是通过教师的指导，让幼儿亲身参与劳动，体验劳动，以促进幼儿自身各方面发展的教育活动。如果劳动教育仅注重幼儿生活技能的培训，忽略对幼儿精神世界、品德、创造力和审美能力的培养，那么劳动教育的质量和教育性将难以体现，提高劳动教育的质量，需要改变现行的教育与教学方法，遵守教育性教学原则，将促进幼儿各方面的发展作为出发点，注重对幼儿的道德品质和创造力的培养。教育过程中，可以邀请各行各业的劳动者到幼儿园进行交流，通过现场示范或者视频播放等方式让幼儿感受劳动在社会生活中的重要作用。也可以组织幼儿走进社区、种植园等场所，参与劳动，感受劳动带来的快乐和成果。还可以在游戏中展开，让幼儿在创造性的游戏劳动中进行，得到自我价值的认同，培养和提高创造力。通过劳动教育，可以推动幼儿体智德美四个方面的全面发展，使劳动教育的真正价值得以体现。

（二）拓宽实施途径，加强教育渗透

幼儿园是幼儿劳动教育的主要实施主体，通过与家庭和社区教育的结合，促进幼儿全面发展。幼儿园的活动中，要将班集体的教育影响力发挥到最大，通过主题劳动、值日生活动、班级活动等多种形式，激发幼儿劳动积极性，提升幼儿的劳动荣誉感和幸福感。同时，教师要充分认识到家庭对儿童的影响，尤其是父母的劳动观念和态度，充分利用家庭的有利条件，积极进行家园共育，要坚持教学内容的连贯性，培养幼儿劳动习惯。同时，要认识到社区在幼儿社会性发展中不可替代的作用，积极主动与社区合作，开展义工、社会公益等活动，以拓宽幼儿的眼界，培养儿童的社会意识、社会道德观念，使儿童积极参加社会服务。

第六节
幼儿园劳动教育保障机制

一、正确认识幼儿园劳动教育的价值

（一）转变传统劳动教育观念

教师和家长们要转变"重智轻劳"的教育观念，认识到劳动教育是促进幼儿身心发展的一个重要途径，重视幼儿的体力劳动和实践能力的培养，让劳动教育成为幼儿园教育的重要组成部分，将劳动教育融入幼儿的生活中，在劳动中学会自我管理、合作、感恩和自信，让幼儿在劳动中得到乐趣和成长，实现自我价值的提升，培养他们的创造力和实践能力，为可持续发展打下良好基础。

（二）树立"五育并举"育人理念

"五育并举"是一种成才育人的新理念，包括德育修心、智育修脑、体育修体、美育修精神和劳动修魂。其中"德、智、体、美"是人类的"身心教育"，而"劳动教育"则是人类的"育魂工程"，因为它能让人学习如何处理"人"和"我"之间的关系，从而实现自身的成长和发展，最终实现"人"的自由。

幼儿园的劳动教育是促进幼儿身体健康、品德形成和智力发展的重要措施，是幼儿教育的重要组成部分，劳动教育与其他四育有交叉，但也有其独立的教学目标和教学任务，应予以特殊对待。德、智、体、美和劳动教育应该结合起来，强调"美劳全面发展"，强调"五育"的平衡与全面发展。劳动教育应与智育相结合，培养孩子们的创造性劳动能力；将体育和劳动教育结合起来，可以让孩子们锻炼自己的意志，并且可以培养孩子们的团队合作精神；将美育和劳动教育有机地结合起来，培养孩子们的创造能力。幼儿园老师和家长要树立德智体美劳综合发展的育人理念，因材施教，有针对性进行教育，促进幼儿健康良性发展。

二、优化基于社会性发展的幼儿园劳动教育课程

(一)完善劳动教育课程标准的顶层设计

劳动教育越来越受到重视,已经成了学校教育的一个重要组成部分,幼儿园教育教学也加入了劳动教育内容中,实现劳动教育课程从学前到中小学内容的系统性与连贯性。国外幼儿园劳动教育课程,标准的顶层设计可以为我国幼儿园劳动教育标准的设计提高参考和借鉴。美国有一套服务系统,把老人和儿童早期教育相结合。托儿所为幼儿发展提供了劳动的地方,让他们能够更好地为社会服务。德国法律要求儿童有义务协助家长做家务活,而且各年龄段的劳工教育工作也各不相同。日本小学阶段对食物营养、儿童参加集体劳动等问题给予了高度重视。我们要重视劳动教育中师资的培养,对劳动教育的课程标准进行探讨与规范,构建劳动教育学教师资格认证体系,为教学活动提供优质的师资保证,促进劳动教育课程的开发与实施。

(二)打造特色鲜明的劳动教育园本课程

幼儿园是提供儿童早期教育的重要场所,每个幼儿园都可以根据自身的特点,开展适合幼儿的劳动课程,不断提高幼儿的劳动素养。这些课程可以包括农耕课程,持续提升幼儿劳动技能;食育课程,以发展劳动情感为导向;实验室课程,依托设备培养幼儿创造性劳动。现代的劳动课程不仅仅是简单的劳动活动,更是帮助幼儿适应未来社会的一种必需能力。幼儿园的劳动课程应该是多元化的,为幼儿提供感知、认识和创造劳动的机会,通过多种形式、多个方面的体验,不断提高孩子的劳动能力和素质,在儿童的交往合作中,隐藏着儿童对劳动品质的学习。在儿童的自我服务的劳动中,隐藏着儿童对自己的劳动技能的培养。在师幼互动评价中,隐藏着儿童对劳动精神的渗透。

设计幼儿园的劳动课程时,坚持以在生活中感知劳动知识、在游戏中培养劳动态度、在活动中体验劳动价值为基本理念,在社会领域、健康领域等诸多活动中增加劳动教育的活动内容,如幼儿的自我服务性劳动(如穿脱衣服、洗手等)、集体服务性劳动(如取玩具、擦桌子等)、种植类劳动(如拔萝

卜、摘红薯等)、手工制作类劳动(拼积木、组造型等),以及玩游戏、进行角色扮演等。

(三)丰富幼儿园劳动教育课程内容

劳动素养的培养不是独立于五大领域教育,而是每个领域都涵盖了劳动素养的目标,且为劳动素养的培养提供支持。《指南》强调:"引导幼儿生活自理或参与家务劳动",要求在健康方面,要让孩子们参与家务和生活自理,培养动手能力,并在工作中获得锻炼,以促进身心发展。幼儿园应在主题活动中提供半成品材料,结合五大领域教育,丰富劳动教育课程,促进身体、认知、情感和社会性方面的发展。在社会性方面,教师可以将劳动教育应用于儿童的社会互动中,以提高其社会性和劳动意识。在健康方面,幼儿应学会良好的卫生习惯和工作技巧,以提升身体素质。在语言方面,教师可以通过故事、绘本和对话,培养孩子正确的劳动观念和认知。在科学方面,孩子们可以通过学习先进科技,了解劳动教育不仅包括体力劳动,还包括脑力劳动。在艺术方面,可以策划节日活动,通过歌曲、舞蹈和绘画,表达对劳动人民的敬爱和崇拜。在幼儿园和区域环境中,可以将劳动教育渗透到日常活动中,例如设置劳动生活区和在环境中渗透劳动教育的内容。

三、引导幼儿主动体验劳动教育中的社会关系

劳动教育来源与生活,同时也是融入生活的,劳动教育的出发点就是幼儿的自理劳动,在生活和劳动过程中,可以让幼儿明白自己的事情自己做,培养出良好的劳动习惯,不依赖周围的人,进而形成独立自主的能力。生命教育常常是浸润式的,对儿童的劳动教育要有长远的规划,时时渗透,不能松懈,在不放过任何一个机会的情况下,通过幼儿的日常生活学习,加强儿童的良好劳动习惯的培养。

(一)锚定幼儿园劳动活动中的交往体验

幼儿的合作品质是一个人在社会中进行自我发展的基础,通过合作可以让个体的交流能力得到提升,用开放、包容的心态去接纳他人。在幼儿园的劳动活动中,有许多同伴互动的行为,这不仅有助于幼儿完成自己的劳

动,而且还能培养幼儿间的合作能力。《规程》明确了幼儿园日常生活的组织原则,要求幼儿园在劳动实践中,教师应当重视对儿童协作能力的培养,即立足于实际,坚持一贯性和灵活性,充分运用集体、小组、个人等多种方式,使幼儿在幼儿园的劳动中发挥积极的作用。

(二)拓展幼儿劳动教育实践场域

劳动环境是幼儿园进行劳动教育的一个重要环节,也是幼儿开展劳动活动的必要条件。幼儿园任何一种环境的布置,都是影响幼儿成长的要素,劳动环境的创设可以打破地区和班级之间的界限,让孩子们从相对封闭的教室,迈入一个更加广阔的生活世界。在调查中发现,幼儿园环境设计侧重于知识、文化的普及和宣传,植物动物等环境建设还有待进一步提升和完善,针对此,幼儿园应对园内的环境进行合理地构思与规划,挖掘并设计出一片园内空旷的土地,创造出一片独一无二的"种植、养殖园地",让幼儿体验和探索植物和小动物生长,更深入地了解自然,培养他们的好奇心,想象力和创造力,对幼儿进行生命教育,促进幼儿社会情感发展。

(三)引导幼儿在劳动教育中对社会关系的情感认同

人类的社会属性和生命是密切相关的,不可分割的,人类的社会属性不可能离开生命而独立存在,而一旦离开了它,它就失去了存在的意义,它所拥有的独特价值和作用,也就会逐渐消失。幼儿园的劳动教育是以社会性发展为基础的,既包括社会性知识,又包括社会性情感、社会性意志、社会性行为等。在幼儿劳动教育中,幼儿的社会性发展是相互联系的,你中有我,我中有你,不可分割。儿童的社会发展离不开劳动教育,幼儿园的劳动教育应该与儿童的整个生命过程、真实生活情景密切相关,既要将重点放在幼儿园的生活上,也要对幼儿的日常生活、家庭生活、甚至社区等其他场域进行关注。

四、提升基于社会性发展的幼儿园教师的专业素养

儿童具备自主学习的能力,在教育过程中,教师应该采用科学的教学方法,注重培养孩子的兴趣,避免强行灌输知识。如在实施"植物园地"活动时,教师是幼儿学习和发展的组织者、陪伴者和帮助者,观察幼儿在种植活

动中的行为表现,并采用适合个体的有效教学方法,引导孩子们学习植物知识,指导幼儿学会观察,记录植物生长过程,实现教育目标。

(一)发挥幼儿在劳动教育中的主体地位

在幼儿园劳动教育过程中,教师要认识到劳动对于促进幼儿全面发展的价值,把劳动教育有机融入幼儿园日常生活中的各个环节,并通过文字记录、图片记录和视频记录展示幼儿的劳动过程,关注幼儿在劳动中的态度、习惯、能力的培养。同时,充分尊重每个孩子的独特个体差异,如对劳动的经验和认知积累、肌肉力量和思维能力发展的差异等。在教学和主题劳动活动中,老师要根据孩子的兴趣和需求,因材施教,力求让每个孩子都能在最接近的成长区域内发展,并在现有成长水平上取得更大进步。在幼儿学习活动过程中,教师的角色不是压制、灌输和强迫孩子的命令者,而是支持者、合作者和引导者,通过教育激发孩子的积极性和创造力。

(二)捕捉幼儿园劳动活动中的"教育契机"

《规程》指出:"幼儿园日常生活组织,应当从实际出发,建立必要、合理的常规,坚持一贯性和灵活性相结合,培养幼儿的良好习惯和初步的生活自理能力。"要求幼儿园教育教学活动中,保持一定的一贯性和灵活性,采用集体、小组和个人等多种方式,让孩子在劳动中积极参与和表现。在幼儿园的劳动活动中,孩子们之间会互相交流和合作,这对于完成任务和培养合作能力都非常重要。在幼儿园的劳动实践中,教师应该注重培养孩子的协作能力,如在传统节庆活动中,教师可以将中华优秀传统文化融入劳动实践中,让孩子们了解更多的文化知识,促进感情发展;在端午节期间,可以制作香囊、包粽子、品尝粽子等活动;在中秋节时可以制作手工月饼、参与博饼等活动;在阴历新年时,可以与家长、孩子和教师一起策划布置、制作年货等活动,让孩子们相互沟通,感受中华优秀传统文化的魅力。

(三)推进"生活—劳动"教学方法

"生活—劳动"教学法是一种教育方法,主要通过情境探讨和榜样示范来帮助孩子们融入自己的劳动生活,并尝试解决在劳动过程中可能会遇到的问题。如在幼儿园厕所中可能出现的人际交流和冲突,传统的教育方法是老师会制定沟通规则,并强制学生遵守以避免冲突,这种方式暂时有效,但会让幼儿处于一种"他律"的状态,难以主动遵守和认同规则,导致他们在实际遇到冲突时无法有效处理,如果教师以案例的方式记录下发生的冲突,通过情境讨论有意识地引导幼儿讨论问题,并达成共识,让幼儿产生与规则相对应的意识,他们会更加严格地执行自己制定的规则,并学会使用多种交际技巧来解决问题,从而提升人际关系技巧,为孩子后续处理人际关系和冲突提供借鉴,促进幼儿社会性发展。

(四)丰富幼儿园劳动教育形式

幼儿园的劳动教育要以关注幼儿生活为出发点,重视幼儿的主体性和主体意识的培养,以此促使活动有效进行,让孩子们不会脱离幼儿现实生活,而是将生命回归到儿童的生活世界。劳动教育与生活有着非常紧密的联系,通过体验各种劳动活动,孩子们可以持续性地进行反思,并进行探索性的学习,获得对自己所不了解的东西有一种全新的认知和领悟的经验,通过实施劳动教育,儿童在劳动中经历生活,把儿童的生命回归到儿童的生活世界,充分发挥劳动的德育作用,使其成为人生的铺垫,培养学生的创造性。

五、构建幼儿园劳动教育促进幼儿社会性发展的机制

在调研中发现,来自上级或者第三方机构的评估会影响幼儿园对教育目标的实际追求,当前对幼儿园劳动教育的评估存在"见物不见人""见产不见育"的趋势,简单地把"劳动"和"学"划等号,扭曲了其实质内涵,并在某种程度上妨碍了幼儿的发展。针对这一问题,幼儿园开展劳动教育,不仅要注重物质产出,还要注重儿童的个体发展,关注儿童的学习成长和全面发展。同时,需要建立一套更加科学、客观、全面的评估方法,对儿童的认知、情感、社交等多个方面进行评估。

(一)构建家庭、幼儿园、社会协同育人机制

幼儿园劳动教育是一个多面性的教育,需要家长的支持和参与才能发挥教育作用,需要家庭、学校和社会三方共同合力,方能得以贯彻实施。个人的社会性发展需要外部的指导和协助,幼儿园对幼儿带来的影响将会持续儿童生命成长的整个历程,劳动教育活动开展离不开教师与家长进行沟通,需要家长的配合和支持,在家庭生活中培养孩子的劳动意识,培养幼儿

劳动积极性,避免出现幼儿园教育与家庭教育不一致的现象。

幼儿处于社区环境中,也会受到社区文化的影响,应充分利用社区教育资源,将学前教育和社区教育有机地融合在一起,共同和谐地发展,根据布朗芬·布伦纳提出的生态系统中要素间相互作用的观点,在实践中,应该将各种的教育资源加以整合优化,达到对幼儿教育效果的最大化。例如,幼儿园、社区和家庭等机构应该保持频繁的联系,共同分享儿童社会性发展与教育的目标,并有系统地进行合作,这样才能够综合发挥各种力量的作用,促进孩子社会交往能力的发展。

(二)构建静态与动态相融合的评价机制

早期教育评估的重点在于要了解儿童发展需要。首先,要用一种自然的方法来评估,要注重对孩子们的工作成果以及他们在工作中所表现出来的典型行为的搜集与观察,这是孩子们评估成绩的一个重要基础。其次,对儿童要有一个整体的理解,以发展性的观点来看待儿童,防止出现偏颇的趋势,不仅要认识到儿童在实际中的发育情况,而且要充分关注儿童在发育过程中的发展趋势。

劳动教育活动最重要的特征是为幼儿提供了一个相互交往的平台,在同伴交往的过程中,能够不断提高幼儿的社会行为能力,包括幼儿合作、分享、谦让等内容。在评估幼儿园劳动教育活动时,应将其看作一个动态的、持续的过程,以发展的视角来评估,对过去、现在和未来的各个方面都要进行充分的考虑,并不断改进和调整。在幼儿园的劳动教学过程中,应构建多种评价机制,包括幼儿自我评价、同龄人之间的相互评价、家长对幼儿的评价以及教师对幼儿的评价等。通过对自己工作过程的反省,让孩子们更有责任心和自尊。同时,评价机制还可以强化同伴之间的相互合作。家长评价可以加强家长与幼儿之间的联系,也方便家长真切感知幼儿在园中的具体情况,同时,教师应对幼儿展开鼓励式的评价,更好地发挥出教育评价的引导作用,更好地促进儿童的社会发展。

(三)完善幼儿园教育评价制度

作为一种激励和发展机制,评估是检查教学成效的重要方法,建立健全的劳动教育评估体系是开展幼儿园劳动教育重要组成部分。幼儿园劳动教育评价体系应该注重综合性、多元化和动态性,考核幼儿的劳动过程和成果,提升幼儿参与劳动的积极性,增强幼儿的劳动荣誉感,同时也能评估教师的教学效果,帮助教师提升劳动教育教学能力。

　　完善幼儿园教育评价制度,可以为教师提供教学反馈,促进教学活动的改进,进而推动幼儿园劳动教育的发展,评估体系的构建必须将理论与实践相结合,注重评估的激励和积极作用,提升教师和幼儿对劳动教育的认知,提高教育质量,促进幼儿全面发展,实现劳动教育的教育价值。

第六章
幼儿园劳动教育活动设计

幼儿园的劳动教育活动,是指教师有目的地、系统地使用幼儿园所提供的环境和材料,通过师幼互动,充分发挥教师指导作用和幼儿积极主动性,对幼儿的身体和心理发展起到推动作用的教育活动。教师要遵循科学性、发展性等原则,设计具有适宜性和创新性的劳动教育方案,并在教学实践活动中进一步完善。

案例链接: 　　　　　　　**我给小椅子穿新衣**

一天,有个小朋友的小椅子坏掉了,王老师让保育员去储藏室再拿一个,结果保育员拿来的小椅子的椅背上是一个小熊,小朋友们都喜欢得不得了,都很想坐这个小椅子。可是,这样的小椅子只有一个,怎么办呢?

王老师突然想到可以组织一次打扮自己的小椅子的活动。于是,经过王老师的构思,"我给小椅子穿新衣"的活动就诞生了。小朋友们收集了各种粗细不同、颜色不同的丝带和丝巾,还有各种颜色的粘贴纸等。材料准备好以后,大家都迫不及待地试试看了。有的小朋友将各种彩色粘贴纸贴在椅背上,有的用丝巾来系,有的用丝带来绕,还有的在椅背上作画。经过小朋友们的精心设计,一张张漂亮的小椅子就诞生了。这个游戏深受小朋友们的喜欢,平时他们也总喜欢收集各种各样的材料来打扮自己的小椅子,并且总是相互比比谁将小椅子打扮得最漂亮。

教师应密切关注幼儿的发展,及时发现幼儿的兴趣和需求,创造性地设计教育活动,以促进幼儿的发展。

第一节
幼儿园劳动教育活动设计的基本内容

一、幼儿园劳动教育活动设计的含义和基本特征

(一)幼儿园劳动教育活动设计的含义

幼儿园的劳动教育活动设计是指教师在进行教育教学活动之前,依据幼儿身心发展特点,依托教育资源,制定出一套具有操作性的活动方案、步骤和实施途径,以促进幼儿的发展。活动设计要以幼儿的特点为基础,制定劳动教育活动的目标,选择相应的教育内容,采取适宜的教育方式和手段,有效地开展教育活动。

(二)幼儿园劳动教育活动设计的基本特征

幼儿园劳动教育活动的设计,是以学前教育学、心理学为基础,遵循一定规律与程序进行的科学预设行为,但是幼儿身心发展的个体差异性决定了幼儿园的劳动教育活动存在着一定的复杂性,幼儿园的劳动教育活动设计是需要依据幼儿的发展特点将教育情境紧密结合的创造性过程,具有以下特征。

1. 目的性

劳动教育活动是幼儿园教学内容之一,教学目的决定活动实施过程和效果,幼儿园劳动教育活动设计具有目的性,能够促使教师准确地制定教育活动目标,高效开展教育活动。

2. 科学性

幼儿园的劳动教育活动设计,依据幼儿身心发展特点,遵循教育规律进行,教师要以科学的理念为出发点,遵守科学的设计模式、原则和程序,活动设计各项内容符合《指南》和《规程》的要求是教学活动实施的前提和保障。

3. 创造性

幼儿园劳动教育活动的设计是兼顾幼儿发展规律、教育资源和教学方法等因素进行的创新活动,以教育活动目标为依据,确定合适的活动内容,使教育活动的设计更加适合于本班级幼儿的发展需求和实际水平,促进幼儿发展。

4. 灵活性

鉴于幼儿身心发展的差异性和心理发展的不稳定性,在进行幼儿园的劳动教育活动设计时要考虑教育活动情境的变化,赋予活动设计一定的空间和余地。将活动步骤预先设定得太过固定和细致会导致教学活动设计成为束缚教师思维的牵绊。

二、幼儿园劳动教育活动设计的理念和意义

(一)幼儿园劳动教育活动设计的理念

幼儿园劳动教育活动设计是教师对完成教学活动所需行为策略的预先设计,它直接关系幼儿的学习效果。教师的活动设计理念对整个教学活动的实施会起到至关重要的作用,教师在进行劳动教育活动设计时要应坚持以幼儿为本的核心理念,可以从以下几个方面入手。

1. 以幼儿的兴趣和需要为依据

坚持以幼儿为本的设计理念,首先要以幼儿的兴趣和需要作为幼儿园劳动教育活动设计的切入点。具体来说,在幼儿园劳动教育活动设计时,教师要了解幼儿的兴趣和需要,并根据幼儿的兴趣和需要来选择活动内容,设计多样化的环境和活动方法。同时,还要善于根据幼儿的兴趣和需要来生成新的活动目标和活动内容。

幼儿的兴趣和需要是动态和变化的,为此,教师在日常生活中要多关注和了解幼儿,把幼儿的兴趣和需求转化为幼儿园劳动教育活动设计的依据,力使活动设计更好地满足幼儿的兴趣和需要。

2. 以幼儿的原有水平和经验为依据

以幼儿为中心的设计理念要求我们以幼儿的实际能力和经验为基础,

来规划幼儿园的劳动教育活动,教师要注重观察幼儿在日常活动中的表现,与幼儿进行交流和互动,以便准确分析和评估幼儿的认知水平发展,从而评估和规划幼儿园的劳动教育活动。要避免设计的活动内容过多,难度过高以至于离开了幼儿的认知能力和实际经历,不利于培养幼儿参与教学实践活动的积极主动性。

3. 以幼儿的发展为着眼点

幼儿园劳动教育活动的目标是促进幼儿主动和谐地发展。而以幼儿为本的设计理念则强调要以幼儿的原有水平和经验为基础,避免活动设计脱离幼儿的认知发展水平和经验。具体来说,设计者需要仔细观察幼儿并与他们进行交流和互动,旨在正确分析和判断幼儿的认知发展水平和生活经验,并以此为出发点进行教育活动的设计。同时,以幼儿为本的设计理念还要着眼于促进幼儿在原有基础上的发展,通过教育活动让幼儿获得有意义的学习和经验,从而促进幼儿的整体发展。因此,在幼儿园劳动教育活动的设计中,应该注重幼儿的个体差异和发展需求,尊重幼儿的主体性和自主性,为幼儿提供适宜的、有意义的学习体验。

(二)幼儿园劳动教育活动设计的意义

做好日常的幼儿园劳动教育活动设计工作,具有重要的意义。

1. 提高幼儿园劳动教育活动的质量和有效性

幼儿园劳动教育活动需要科学的设计,具有科学性的特点。要求教师在设计教育活动时,需要从科学的理念、原理和方法出发,对幼儿的需求和发展水平进行客观的分析,明确目标并科学地选择内容,合理地组织活动。只有进行科学的教育活动设计,才能有效提高幼儿园劳动教育活动的质量,是提高活动质量和效益的基本前提。

2. 为幼儿园劳动教育活动的实施提供科学的文本依据

设计是对活动的预先规划,教育活动的目标、开展的环节与步骤会受到活动计划的规定,幼儿园劳动教育活动设计为幼儿园劳动教育活动的实施提供了科学的文本依据。通过幼儿园劳动教育活动的科学设计,教师可以对活动的目标和基本过程进行整体把握,支持和促进幼儿园劳动教育活动的发展。

3.促进幼儿教育理论和实践的结合

教育活动设计是一座"桥梁",具有沟通教育理论与实践的作用。通过幼儿园劳动教育活动设计,教师可把科学、先进的教育理论的研究成果,如幼儿主体、主动学习、发现学习等理论用于教育活动的实施中,指导教育活动的开展,通过幼儿园劳动教育活动设计,教师可将幼儿教育理论与实践紧密结合起来。

4.有利于幼儿教师的专业成长和发展

活动设计能力是教师重要的专业能力,幼儿园劳动教育活动设计为幼儿教师的专业成长和发展提供了一条有效途径。通过教育活动设计,可促进教师学习幼儿教育的基本原理和方法及幼儿园课程与教育活动的理论,并运用理论知识来不断反思和调整活动设计。通过"活动设计—活动实施—反思活动实施效果—完善原有活动设计"这一不断完善提升的过程,教师可以提高对教育活动设计要素的把握,提升教育活动设计的能力,从而促进自身的专业成长和发展。

三、幼儿园劳动教育活动设计的类型和基本原则

(一)幼儿园劳动教育活动设计的类型

幼儿园教师开展教育活动,既要在活动开始前进行预先的设计,也应在活动开始的过程中,根据活动开展实际情况,对原有设计进行调整,活动结束时,进行反思和研究,进而完善活动方案。本书将幼儿园劳动教育活动设计分为三类:预先设计、临时设计和反思设计。

1.预先设计

预先设计指的是教师根据幼儿身心发展特点、能力经验和需求,结合教育目标,采用科学的方式,对活动实施的过程中可能会遇到的问题及解决办法等进行研判,并提出解决方案的一种方式。预先设计能增强幼儿教育活动的针对性、科学性,使幼儿教育活动得以有效开展。

2.临时设计

幼儿是活动的主体,但他们天生好动的特性及其身心发展特点,使得活

动不可避免地充满着变数,教师在进行教学活动时,不能固守教学方案,而要因需及时调整,进行情景设计,可以是对预定的某个环节的临时调整,也可以是针对幼儿的自发学习而临时进行的设计,这种临时性的设计,可以充分尊重儿童的主观能动性,从而更好地符合儿童的兴趣需要。

3.反思设计

反思设计是在活动结束后,教师对自己在组织教育活动过程中的行为及幼儿在活动中的情况进行反思和分析,并及时对原有计划进行修改和补充,反思设计可以帮助老师完善活动设计,提高教学水平。

(二)幼儿园劳动教育活动设计的基本原则

幼儿园劳动教育活动设计的基本原则是幼儿教师设计教学活动方案必须遵循的基本要求和指导思想。

1.科学性原则

科学性原则是指教师设计的活动内容应该准确、符合客观规律,能够帮助幼儿正确认识事物,形成正确的概念,同时,教师在设计教育活动的结构时也应该符合幼儿的发展水平和认知特点。

贯彻科学性原则时要做到以下两点。

(1)目标要科学合理。制定的活动目标要符合幼儿的年龄特点和已有的知识技能水平;目标的确立要全面、具体、适中,幼儿经过努力可以达到。

(2)结构要科学合理。活动目标的确立、活动内容的选择、活动形式和方法的运用、教育环境的创设等是实现教育目标的重要组成部分,活动设计的结构要科学合理,以达到教育活动效果的最大化。

案例链接

大班上学期的幼儿对身边常见事物及其变化非常敏感,好奇心强,更喜欢动手去摆弄材料,探究兴趣与能力在不断地发展。最近,班上的小朋友们喜欢玩电动玩具,摆弄电池。由此,王老师以幼儿生活中常见的灯泡、电池、电线为主要材料,设计了活动"灯泡亮了"。活动以"帮小兔装电灯"为主线贯穿始末,通过自主探索的形式,让幼儿在宽松的探究情境中运用看一看、想一想、试一试等多种方法,探索让灯泡亮起来的方法;同时通过猜测、验证、记录等形式,让幼儿在操作比较中发现哪些物体能导电,哪些物体不能导电,使幼儿充分体验到科学探索的乐趣及合作探索的快乐。

2. 发展性原则

发展性原则是指设计教育活动时,应着眼于幼儿现有的经验水平的"最近发展区",并以此为依据促进幼儿在认知、情感及社会性等方面得到全面的发展。它包括两个含义:一是教育活动的设计应以促进幼儿的发展为出发点,充分考虑幼儿的可接受性,符合幼儿的认知规律,注意由浅入深、由易到难、循序渐进。二是教育活动设计也应以促进幼儿的发展为目的,应当始终贯彻以"发展"作为教育活动设计的核心,以促进幼儿发展作为依据和准则。坚持发展性原则应做到以下三点:

(1)考虑幼儿的可接受性。教育活动的内容、方法、分量和进度应符合幼儿身心发展水平,教育目标应有一定的难度,略高于现有的发展水平又不超过发展的可能性,使幼儿经过努力能够达到。

(2)考虑幼儿发展的全面性。幼儿的发展是全面的,包括认知、情感及社会性等方面,教育活动设计应着眼于追求幼儿全面素质的提高,不应偏重于某一方面。

(3)考虑幼儿的个别差异性。幼儿是活动的主体,身心发展具有差异性,教师要从幼儿的实际情况和个别差异出发,有针对性地实施教育。在教育活动中,一方面,既要面向全体幼儿提出较为统一的要求,又要照顾个别差异,对不同发展水平的幼儿分别提出不同的要求,因人施教;另一方面,教师对每个幼儿的情况要用发展的观点对待,对他们的发展做出科学地分析,使每个幼儿都能在原有的基础上获得最大限度的发展,由现有发展区向最近发展区过渡。

案例链接

美术活动"小蝌蚪"。一开始,张老师组织小朋友们自由地到四周去观察小蝌蚪,看看它们长什么样子。小朋友们纷纷跑去,从各个方位看小蝌蚪。棒棒也很兴奋,满场跑,一会儿看这边,一会儿看那边。忽然,棒棒将手伸入玻璃缸内,去抓小蝌蚪,溅得满桌子都是水。张老师急忙阻止,并对棒棒投去了生气的眼神,"捣蛋鬼,你看别人观察得多仔细"。小家伙低头嘟哝着说:"我想摸摸小蝌蚪。"

活动继续进行,小朋友们观察完,张老师请小朋友们说说小蝌蚪长什么样。小朋友们都举手了,"小蝌蚪长着圆圆的脑袋,细细的尾巴""小蝌蚪全身黑黑的""小蝌蚪长出了后腿"……棒棒也举手了,张老师发现了他,请他回答,棒棒特别高兴,站起来绕着张老师游来游去。"哦,小蝌蚪在水中是怎样的呀?你说说看。"张老师问。棒棒依旧用游的动作来表示,张老师说:"谁来帮助棒棒?"一个幼儿高声说:"快乐地游来游去。"张老师表扬了这个孩子。棒棒把身子趴在桌上,显得有些不高兴。

接着,小朋友们开始很投入地画画,棒棒也非常认真地画着。活动结束前,张老师以集体评议的方式将小朋友们认为好的画贴到展览区。"张老师,我的画呢?"棒棒问,张老师说:"你下次再画得好一些,展览角也会有你的画的。"小家伙把身体挡住别人的画,还用手不时地拍打,久久不肯离去。

案例中张老师在组织活动时,能面向全体,让幼儿自主地探索,自主地交流,激发幼儿创作的兴趣。但是,棒棒是一个比较特别的孩子,张老师却没有根据他的个性特点,有针对性地加以教育引导,在教育教学实践中,教师只有因人施教,才能真正使每一个幼儿都获得发展。

3. 主体性原则

教育活动设计中的主体性原则是指教师必须坚持以幼儿为活动的主体,在活动内容的选择及活动形式的安排方面,注重激发幼儿的能动性、自主性和创造性。幼儿通过自身的实践活动、探索活动等来学习并主动建构自己的知识体系,在发现和解决问题的过程中发展自己的能力。

蒙台梭利说过,"我看到了,我忘记了;我听到了,我记住了;我做过了,我理解了"。这就要求教师在设计教学活动时,充分认识到幼儿有自己动手解决问题的强烈欲望和能力,创设问题情景,引导幼儿实践活动,促进幼儿发展。贯彻主体性原则时应把握好以下两点。

(1)以幼儿为活动的主体。主体性是现代人的基本特点,是全面发展人的特征,也是21世纪创新人才应具备的最起码的素质,幼儿的成长是一个在解放中整合的过程,而整合的前提是解放幼儿,幼儿是发展的主体。因此,要使幼儿获得真正意义上的发展,就必须充分发挥幼儿的主体性,使幼儿成为活动的主体,教师只有在教育观念上转变和认识到这一点,才有可能将其落实和体现在教育活动设计的行动层面。

(2)在重视幼儿主体性的同时,适时、适地、适宜地发挥教师的主导性。强调幼儿学习主体性观念并不是说教师就可以成为教学活动中的旁观者,幼儿主体性的实施必须以教师的主导性为前提,应该根据幼儿的发展期情况去引导、组织、安排开展各种活动。虽然在开展教学活动以前,教师已经针对幼儿的年龄特征和心理发展水平等因素进行了一定的分析和准备,也充分地考虑到了个性特点,但是在教学实践过程中,没有教师的主导,幼儿的主体性就不能充分发挥和体现,教师在活动设计中要正确认识和把握好自己的角色,正确发挥对幼儿学习和活动的指导作用。

案例链接

在一次体育活动中,刘老师的目标是发展幼儿投远的能力,并纠正他们的投掷动作。但在练习过程中,一些小朋友没有专心练习,而是玩起了沙包。这让刘老师有些生气,但幸运的是,赵老师过来了。他提醒刘老师说,虽然孩子们没有练习投沙包,但是他们在踢沙包。于是,刘老师和赵老师决定结束投掷练习,把全体幼儿叫在一起,让他们一起探讨沙包的好玩之处。

在这个过程中,小朋友们一边想着,一边玩着,一边试着。他们有的用头顶,有的用脚夹,有的用背背,有的用肩扛,还有的手心手背扔着玩。这样一来,孩子们变得更加兴奋了。

案例中,虽然刘老师最初的活动目标没有完全实现,但在赵老师的帮助下,有针对性地设置了一个更加富有创造性和有趣的环境,这也说明了,我们在教育过程中,应该尊重孩子们的兴趣和需求,让他们在愉快和积极的氛围中学习和成长。

4.活动性原则

教育活动的设计和组织应该以活动为基本形式,让幼儿通过直接感知、动手、动脑、动嘴和体验来获得经验,并促进他们的全面发展。贯彻活动性原则,教师需要注意以下两点。

第一,给予幼儿充分的活动机会。幼儿的发展是通过不断获得各种经验实现的,因此教师应该给予幼儿足够的活动机会,让他们在活动中动手动脑,获得亲身经验。此外,教师还要为幼儿创造相应的教育内容、教具、学具等活动设施和条件,以便让幼儿在每个教育活动的过程中都能够积极参与。

第二,激发幼儿参与活动的主动性。为了达到这个目标,教师可以为幼儿提供丰富的物质材料,创造能够引发幼儿活动的环境,把游戏作为基本的活动内容,可以激发幼儿的参与主动性和积极性,让他们更加愉快地学习和成长。

案例链接

大班正在开展主题活动"有用的植物",为了让小朋友们更好地认识植物,陈老师决定带小朋友们去乡下挖红薯。到了红薯地,小朋友们可兴奋了,争相讨论着红薯是怎么长的、红薯地为什么高高低低、什么样的工具才能又快又好地挖到红薯等。孩子们还在田野里看到了很多没有见过的蔬菜和庄稼,拉着农民伯伯好奇地问这问那。

5. 整合性原则

整合性原则指在设计教育活动时,不仅要充分发挥活动内容、形式、过程等因素的功能,还应加强各因素间的协调、配合,发挥其整合效能,促进幼儿的整体发展。

在教育活动设计中,遵循整合性原则主要体现在以下几个方面:

(1)教育活动内容的整合。教育者要将各个教育领域的内容以合理的方式整合起来,或将每一教育领域的内容有机地加以整合,使之形成合理的、科学的网络结构,发挥整合教育的效应,实现多方面的发展目标。

(2)教育活动形式的整合。教育者要将上课、游戏、休息、日常生活的安排加以整合,将集体活动、小组活动、个别活动加以整合,将统一活动、自选活动、自由活动加以整合,使这些活动形式互相配合,发挥各自优势,实现教育目标。

(3)教育活动环境的整合。在设计教育活动时,注重班级环境、园内环境、室外环境的优化和组合,注重环境中物质环境和精神因素的整合。

四、幼儿园劳动教育活动设计的步骤

根据泰勒课程开发原理,在进行幼儿园劳动教育活动设计时,首先要考虑:教育活动的目标是什么? 通过教育活动,幼儿要学习什么? 能促进幼儿哪方面的发展? 其次要考虑:选择什么样的教育内容、教育策略和教育方法? 最后要考虑:如何对教育活动进行评估? 如何对幼儿发展进行鉴定? 具体的设计步骤如下。

(一)幼儿学情分析与设计意图

在进行幼儿园活动设计时,第一步是分析幼儿的现有知识、经验、技能、能力和兴趣等,初步确立教育教学活动目标、内容和组织形式。意图包括主题的产生原因和与幼儿的关系,如符合幼儿的兴趣和发展需求等。

案例链接

大班创意美术活动"线描碟与毛线花"活动设计意图:幼儿可以利用旧光碟的双环造型进行线描装饰和美化,或用彩色毛线进行操作和造型设计。通过欣赏艺术插花范例和整体画面创作等环节,幼儿可以积累艺术审美经验和提升创作能力。

(二)教育活动目标的设计

活动目标是指通过开展教育活动,达到预期效果的依据和标准,活动目标不仅对教育内容、方法、手段和形式产生影响,还影响着教育的结果,即幼儿的发展。活动目标包括情感、态度、认知和行为技能方面,是活动设计的重要组成部分。

1.活动目标的内容

活动目标包括知识、能力和情感三部分内容。认知目标包括知识的掌握,认知能力的发展。能力目标包括幼儿技能的获得、动作协调、动作技能的发展等。情感目标包括兴趣、态度、习惯、价值观念、社会适应能力的发展等。

2.活动目标表述的要素

在活动目标的表述中,要注重明确行为、条件和标准三个要素。行为部分指出幼儿通过活动能够具体做什么,条件部分说明这些行为在什么环境下产生,标准部分则是为了确立行为目标的最低要求。比如,小班绘画活动"画妈妈"的活动目标,明确幼儿通过观察妈妈的照片,学习画妈妈的脸,能够画出脸的主要部位,激发幼儿爱妈妈的情感。这个目标明确了幼儿的行为结果、条件和标准,具有客观性和可操作性。

在教育活动的目标表述中,行为的表述是最基本的成分,需要一些动词来表达,如"理解""掌握""欣赏""培养"等词。有时还需要在动词前加上"深刻""充分"等词,如"深刻理解""充分掌握",反映活动目标达到的程度。

3.活动目标表达的形式

教育活动目标可以用两种方式表述,首先是表述教师的行为,即说明在活动中教师应该扮演什么角色,如为幼儿提供什么,重点示范什么动作,其次,表述幼儿的行为,即阐述预期幼儿通过活动会有什么样的行为变化,例如通过观察发现什么,清楚连贯地讲述什么。

4.活动目标表述的要求

(1)可操作性。教育活动目标应该具有可操作性,避免过于笼统、概括和抽象。例如,中班健康教育活动中,"刷牙"的目标就应该具体、明确、便于操作,如学习正确的刷牙方法,养成早晚刷牙的好习惯。如果目标过于笼统和抽象,如"培养幼儿良好的卫生、生活习惯",会造成对教学实践和评价工作的不确定性。

(2)清晰、准确、可检测。教育活动目标应该清晰、准确、可检测,不能用活动过程和方法来替代活动结果。目标表述包括行为、条件、标准等,其中行为是核心要素,避免用活动的过程和方法来代替目标。

(3)表述准确。活动目标中行为的发出者应一致,是教师或者幼儿。在教育活动中,教师常常用"教育""帮助""激发""要求"等词语表述教师的教学任务,而幼儿的"学"则常常用"学会""喜欢""说出""创编"等词语表述幼儿的学习目标。

(4)目标内容完整。活动目标内容的制定要完整,包括情感态度目标、认知目标和行为技能目标,虽然不同的教育活动的教育目标各有侧重,但总体而言,除要突出本活动的重点目标外,还应兼顾其他方面的目标。

(三)教育活动准备的设计

教育活动准备的设计是活动实施的前提条件,直接影响幼儿参与活动的积极性、活动的进程和实际效果。活动准备包括知识准备、情感准备、材料准备和空间环境准备等方面。

1.知识准备

知识准备包括两个方面。一是教师要具备相关的专业知识,具备丰富的知识,在教学活动中能深入浅出地指导幼儿,当幼儿面临困难时,能因势利导,给予适当的指导和帮助。二是幼儿具备与该活动相关的知识经验、技能及能力水平,保证活动顺利开展。如大班讲述活动"可爱的花",其中的一项活动准备要求幼儿认识一种花,了解一些有关花的常识,这就是为幼儿参与该教学活动而进行的知识经验准备。

2. 情感准备

情感准备是教育活动准备的一部分,因为幼儿的活动需要情感支持,而成人的情感往往会影响幼儿的情感体验和活动效果。教师的积极情感投入会对幼儿的情感体验产生直接影响,因此教师应该做好自身情感准备,以更好地指导幼儿参与活动。

3. 材料准备

材料准备是教育活动准备的必要组成部分,面对教学活动,教师可以采用多种方法来准备材料,如让幼儿事先收集材料,或者让家长协助收集材料。这样不仅能减轻教师的工作负担,还能通过家园联系的途径促进家长参与教育教学活动。

4. 空间环境准备

空间环境对活动的开展也有着很大的影响。如提供什么样的活动场地,在室内还是室外,桌面或地面的空间如何布置,以及桌椅的摆放是否有利于幼儿之间讨论交流。

(四)教育活动过程的设计

1. 分析教育内容

分析教育内容具体包括两方面:一是确定重难点;二是挖掘教育内容中利于促进幼儿发展的因素,保证目标的顺利实现。

2. 设计活动过程

活动过程包括活动的导入部分、基本部分和结束部分。

(1)活动的导入部分。教师可以通过各种各样的方法将幼儿引入到活动中来,时间不能太长,不能超过 5 分钟。

(2)活动的基本部分。在设计教学活动时,要考虑以下内容:①分为几个环节?②每个环节必须完成哪些内容?采用什么方式、方法?③哪个环节是重点?哪个环节是难点?怎么突出重点、突破重点?④每个环节的时间怎样分配?⑤每个环节如何陈述?⑥用什么方式来进行环节之间的过渡?

(3)活动的结束部分。结束部分的设计主要考虑结束的方式,要充分体现开放性,最好有活动延伸,使幼儿保持对活动的积极性,巩固教育效果。

3.选择教育教学方法

（1）教学方法的类型。幼儿园劳动教育活动的方法是指教师和幼儿在生活中，为完成教育目标所采用的具体方式和手段。它包括两种含义：一种是指教师在组织幼儿活动时，指导幼儿学习的教学方法；另一种是指幼儿在活动中所采用的学习方法。幼儿园劳动教育活动常用的方法按不同性质可分为三大类，口头语言法、直观教育法、实践法。每一类又包括不同的方法。

1）口头语言法。口头语言法指运用口头语言指导幼儿学习的一种方法，主要包括讲述法、讲解法、谈话法、讨论法、语言评价法等。

2）直观教育法。直观教育法指教师借助于实物、教具，设计相关的教育情境，将教育内容直观地展示给幼儿，实现教育目标的一种方法。如演示法、范例法、榜样法、情境表演法等。

3）实践法。实践法指教师为幼儿创设一定的环境，提供充足的实物材料，让幼儿通过自身的实践和练习活动进行学习的方法。如观察法、游戏法、操作法、探究法、移情训练法、练习法等。

（2）选择教学方法需要考虑的因素。

1）活动目标。根据活动目标选择教育方法，因为特定的目标需要使用不同的教育方法来实现。例如，在认知领域，不同的目标需要使用不同的教育方法，如知识、理解、应用、分析、综合、评价等层次。因此，在选择教育方法时，要依据教育活动的目标选择合适的教育方法。

2）活动内容。根据活动的具体内容选择教育方法，因为不同的教育活动内容需要使用不同的教育方法来实现。即使是相同的教育目标，针对不同的领域、不同的具体内容，劳动教育实施所要求的教育方法也会有所不同。例如，为了提高幼儿的操作能力，科学领域通常使用探究法和实验法，而艺术领域则通常使用练习法。

3）幼儿的年龄特征和学习特点。在选择教育方法时，应考虑幼儿的年龄特点和知识经验准备情况。如果幼儿已经有了充足的感性经验，教师可以通过直观教具进行演示，以帮助幼儿更好地理解学习内容。此外，对于年龄和思维水平不同的幼儿，需要采用不同的教育方法。小班幼儿对于发现法和讲解法的效果往往不如角色扮演法和游戏法，因为后两种方法能够更好地激发幼儿的兴趣和积极性。因此，选择教育方法的时候不仅要考虑幼儿的年龄特征,还要关注如何发挥幼儿的主体性,才能达到更好的教育效果。

由于教育活动目标的多层次化和教育活动环节的多样化,教育方法的多样化成为必然要求。为了保证教育活动目标的全面实现,通常需要选择几种相互补充的教育方法,并将它们有机地结合,保障活动顺利实施,达到教育最大效果。

4. 确定教育组织形式

幼儿园劳动教育活动形式一般有集体教育活动形式、小组教育活动形式、个别教育活动形式等,这些组织形式既可以在一个教育活动中综合使用,也可以独立使用,在教学实践过程中,采用合理科学的教学组织形式,提高活动教育质量,促进幼儿心智发展。

(五)教育活动计划的编写

要选择适合各年龄班幼儿的教育活动内容,确定活动名称,然后对教育内容进行深入的分析,拟定活动目标,围绕目标展开流程设计,一个完整的教育活动设计包括活动名称、活动目标、活动准备、活动过程和活动延伸等内容。

第二节
幼儿园劳动教育活动设计的理论基础

幼儿园劳动教育活动设计作为一门对幼儿学习的所有方面进行分析、创设、实施、评价及研究的学科,是根植于一定的理论基础之上的,这些理论将直接影响到教育活动设计者、实施者对活动设计的理解,以及对活动目标、活动内容、活动实施和活动评价的应用。总的来说,影响幼儿园劳动教育活动设计的理论基础有一般系统理论、学习理论和教学理论三个方面。

一、一般系统理论

所谓系统,是指为达到共同的目的,由相互作用、相互联系的许多要素构成的一个整体。系统不但有多种类型,而且每个系统又可以有它的子系统,一系列子系统之间也是相互关联的。任何系统一般都包括五个要素:人、物、过程、外部限制因素及可用资源,这五个要素之间是紧密联系的。

幼儿园劳动教育活动是一个由教师、幼儿、活动内容、活动条件和环境等因素组成的系统,是一个各构成因素、流程和信息控制彼此之间相互联系的复杂系统,是一个输入(建立目标)——过程(导向目标)——输出(评价目标)的完整过程。因此,一般系统理论能为幼儿园劳动教育活动设计提供一种科学的方法论基础,并对构建幼儿园劳动教育活动学科体系产生举足轻重的作用。

在幼儿园劳动教育活动这个特定的系统内,它本身具有一定的系统组织结构,我们可以从不同的角度将它分为一系列相互关联的子系统:从学科领域的角度可将其分为语言活动、数学活动、音乐活动、美术活动、科学活动、健康活动;从组织形式的角度可将其分为集体活动、小组活动和个别活动;从活动性质的角度又可将其分为以教师为中心的预设性活动和以幼儿为中心的自主生成性活动等,它们是这个系统的有机组成部分,而且通过它们各自的设计、实施和评价过程构成了整个教育活动的系统结构。这个结构决定了幼儿园劳动教育活动系统所具有的性质和功能。

在幼儿园劳动教育活动的设计中,设计者或教师只有清楚了解活动系统的各个组成部分及不同子系统的作用过程和相互关联,才能从系统整体观出发,根据幼儿发展和活动环境的分析制定教育活动的目标,选择活动内容,并有效地运用系统反馈对教育活动进行调整和修正,以更好地促进教育活动系统的组织化、结构化和整体优化。首先,以一般系统理论为基础设计幼儿园劳动教育活动,能够促使和帮助教师自觉地运用一种系统的方法。这种系统方法不仅体现在能够为教师提供一种思考和研究活动信息、教学事件的方式方法,通过对系统环境中收集到的有关信息的反馈对教育活动系统不断地进行修改和调整,以促进幼儿园劳动教育活动合理、有效地开展;而且能够为教师解决某个教育问题或满足某种需要提供一种实际的帮助。其次,以一般系统理论为基础设计幼儿园劳动教育活动,还能够为教师在制定活动设计的计划时提供一种系统工具,譬如活动设计的流程图,它可以帮助教师更简明、形象地看懂、理解幼儿学习发展需要、学习任务以及教育活动设计模式完成的整个活动设计过程。

二、学习理论

学习理论是教育学的一门分支学科,是描述或说明人学习的性质、过程和影响学习的因素的各种学说。在众多学习理论中,最有较大影响的是认知派学习理论和行为主义学习理论。

(一)认知派学习理论

认知派学习理论强调学习者内部的因素,该理论认为学习是一种组织作用,是对情境的认知、顿悟和理解,是知觉的再构造或认知结构的变化。认知派学习理论在幼儿园劳动教育活动设计中占据着极其重要的地位,其中与幼儿园劳动教育活动设计最为紧密的是让·皮亚杰的儿童认知发展理论和维果斯基的文化历史发展理论。

1.儿童认知发展理论

让·皮亚杰认为,幼儿的知识是幼儿通过自己的心理结构与周围环境之间的相互作用构建的,在主、客体之间的相互作用之下,幼儿才能不断地进行知识的建构。让·皮亚杰认为,动作是联系主客体的桥梁,如果动作发展了,主客体各自的联系也就得到了发展,并最终演化成关于客体的物理知识结构和关于主体的数理逻辑结构。

让·皮亚杰还提出了儿童心理发展的阶段——图式。图式是人类认识事物的基础或者说是认知结构的起点和核心,图式的形成和变化使认知不断地由低级向高级发展。根据图式的变化,让·皮亚杰将个体从出生至幼儿期的认知发展过程分为四个时期,即感知运动阶段(出生至 2 岁)、前运算阶段(2 至 7 岁)、具体运算阶段(7 至 12 岁)、形式运算阶段(12 至 15、16岁)。对于这四个阶段,让·皮亚杰归纳出了三个特点:首先,儿童认知发展的阶段是按固定顺序出现的,出现的时间可因个人或社会变化而有所不同,但发展的先后次序不变;其次,儿童认知发展的每个阶段都有其独特的图式,它决定着个体的行为;最后,儿童认知发展的每个阶段都是前一阶段的延伸和发展。这三个特点为幼儿园劳动教育活动的设计提供了理论依据。幼儿园劳动教育活动设计必须符合以下两条要求。

(1)为幼儿提供实物,幼儿体验劳动过程。让·皮亚杰儿童发展理论认为,知识的获得更依赖于主体的自我建构,动作是使主体自身认知结构和外部环境获得联系的桥梁和中介,任何知识的获得都离不开动作,幼儿的思维起源于动作。因此,进行幼儿园活动设计时,要视幼儿为主动的学习者、建构者,在设计活动时要充分重视幼儿发展特点,为幼儿提供和创设丰富的学习材料和环境,鼓励幼儿自己动手操作,使他们能够通过自身的感知、操作等经验,在思考、推理和解决问题的过程中促进其在原有认知结构和学习知识间建立联系,以获得初步的逻辑和概念,促使儿童发展。

(2)鼓励幼儿在活动过程中的自我调节,促进知识的自主建构。让·皮亚杰儿童发展理论为实施以幼儿为中心的教育主张提供了充分的心理学依据,教师应鼓励和支持幼儿的自主活动,促进幼儿知识的自主建构过程,促进不同水平的幼儿的发展。

2. 文化历史发展理论

维果斯基的文化历史发展理论包括人的高级心理机能发展的活动说、中介说和内化说的心理发展理论,为幼儿园劳动教育活动设计打下了坚实的理论基础。维果斯基认为,幼儿高级心理机能的发展是由外部向内部的转化,由社会机能向个性机能的转化。他指出,在幼儿的发展中,高级心理机能会出现两次,第一次出现在集体活动和社会活动中,即心理间的机能;第二次出现在个体活动中,是幼儿的内部思维方式,即内部心理机能。维果斯基把这一从外到内的过程经典地概括为"文化发展的一般发生规律"。而这一理论则为幼儿园劳动教育活动设计提供了新的思路,主要表现在以下两个方面。

(1)侧重社会交往。相较于让·皮亚杰侧重儿童发展的阶段顺序和儿童认知结构的自我建构,维果斯基更加重视文化和语言等知识工具的传播。他认为,在知识的加工过程中,社会交往是至关重要的,因为个体的主观世界是与社会相互联系的。当幼儿与他人共同活动并交往时,可以通过冲突、比较、协调等方式调整和提升个人的认知结构。因此,在进行幼儿园劳动教育活动设计时,应该注重社会交往的作用。教师不仅需要提供材料和环境来让幼儿体验和操作,还应该积极营造一种合作学习、相互学习的氛围,促进社会互动和共同建构的学习氛围,重视幼儿通过社会和人际关系获得知识构建的过程。

(2)提倡"支架教学"。维果斯基认为学生的发展有两种水平:一种是学生的现有水平,指独立活动时所能达到的解决问题的水平;另一种是学生可能的发展水平,也就是通过教学所获得的潜力。两个发展水平之间的差距被称为"最近发展区"。为了缩小"最近发展区"的范围,提倡"支架教学",即提供教学并逐步转化为提供外部支持的过程。在幼儿园劳动教育活动的设计中,教师应当为学习者(即幼儿)提供一个在"最近发展区"内的支架,以促使他们向更高的水平和层次发展。

(二)行为主义学习理论

行为主义学习理论认为,学习所引起的变化是行为的相对持久的变化,因此,学习者外显行为变化是学习发生的唯一依据。巴甫洛夫的经典条件反射、桑代克的联结主义、赫尔的系统行为理论、斯金纳的操作条件反射等都是这一理论发展过程中具有代表性的学习观,虽然这些学说在某些方面存在差异,但是它们都十分关注学习的强化、信息保持、迁移、学习者行为操练等,同时,非常强调环境对学习影响的重要性,认为"当学习者对某种特殊的刺激作出了适应的反应就表明产生了'学习',这种刺激与反应的联结正是行为主义学习理论的要点"。

行为主义学习理论对幼儿园劳动教育活动设计有以下三方面影响：

第一，强调学习环境的重要性，因此在设计幼儿园劳动教育活动时，注重环境的设计和学习任务的分析，确保学习情境的有效性。

第二，倡导"程序教学"和"小步子、循序渐进、序列化、学习者参与、强化、自定步调"等教学原则，因而在设计幼儿园劳动教育活动时，应关注活动组织形式的思考，并重点培养幼儿未来的能力和倾向。

第三，认为强化是学习的关键因素，因此在幼儿园劳动教育活动中，需要引导幼儿积极参与学习，并通过强化来加深他们的理解和记忆。

三、教学理论

在教学理论的发展历程中，涌现出了很多具有代表性的教学理论研究者，他们所提出的教学主张为教学活动的开展指明了前进的方向。这些具有代表性的主张主要有斯金纳的程序教学理论、布鲁纳的认知教学理论及罗杰斯的非指导性教学理论等。这些教学理论都涉及课程、教学内容组织、教学活动传递、学习者个体特征等教学要素的讨论和分析。并且都是与教学理论的概念模式密切相关的。换言之，教学理论的概念模式是教学理论中的基础，也是教学活动设计的基础。下面主要介绍三种教学理论的概念模式。

(一)任务中心模式

任务中心模式侧重于解释和促进学习发生过程的一种教学理论概念模式，代表人物布鲁纳认为："人们不可能脱离知识的顺序及获得知识的方式而知道某些东西。所谓'知道某些东西'不是简单地记住它，而是能够提取出来，能够操作和使用它。"因此，知识结构在学习过程中具有十分重要的作用，良好的知识结构不仅能够有效帮助学习者获得、储存和巩固知识，而且能促进学习者对于知识的迁移。从在教学设计时加强对知识结构和形式的分析，能够促进幼儿知识结构的建立和知识的实践应用。

(二)时间中心模式

时间中心模式关注的是时间对教学效果的影响,它认为学习时间受学习机会和学习者的耐心和毅力两个因素的制约,而学习所需时间则受学习者的理解力、能力倾向以及教学质量三个因素的影响。因此,在进行教学设计时,应该为幼儿创造更多的学习机会,提高教育教学活动质量。

(三)学习者中心模式

学习者中心模式则更强调学习者的重要性,建立在对学习者个体差异的分析之上,它认为人在成长过程中接受信息的能力是有差异的,因此教学设计应该根据幼儿智力发展的情况来安排教学内容与组织形式,以便让每个学习者都能得到个体的充分自由发展。

第三节
幼儿园劳动教育活动设计与指导策略

幼儿园劳动教育活动设计的策略是指幼儿园劳动教育活动设计为达到目标而使用的相对系统的教育行为。为体现以幼儿为本的教育活动设计理念,达到促进幼儿和谐发展的目的,幼儿园劳动教育活动设计要求采用与设计理念相对应的科学、有效的策略。

一、激发幼儿内在的学习动机

学习动机是幼儿学习和发展的重要前提,是幼儿园劳动教育活动设计策略的第一步,有效激发幼儿内在学习动机可以通过以下途径进行。

(一)依据幼儿的兴趣和需要来选择教育活动内容

教师要尊重幼儿的兴趣和需要,依据幼儿的兴趣和需要来选择内容、设计活动,教师可以通过一日活动或外出参观活动中对幼儿的观察,也可以通过与幼儿交谈、讨论等途径,来分析和了解幼儿的需求和兴趣,进而确定教育活动内容。

案例链接

铭铭从家里带来了两个恐龙玩具,小朋友们看到后,立刻围拢过来,七嘴八舌地讲:"铭铭,这是你的吗?""这是马门溪龙吧。""这个应该是角鼻龙。""对,没错。""能给我摸一下吗?""能给我玩一会吗?""让我先玩一会儿吧。""你从哪买的?"……真没想到,这两个恐龙会这么吸引孩子们,连平时不爱讲话的孩子,也伸出了小手想要摸一摸。针对这种情况,班上的张老师和赵老师进行了讨论,决定从孩子的兴趣出发,开展"恐龙"主题活动。

(二)依据幼儿的兴趣和需要来创设环境

幼儿是通过与环境中的材料和人的相互作用来构建知识、获得发展的,教师在幼儿园劳动教育活动设计时,要考虑如何通过创设良好的活动环境来促进师幼的互动或幼儿与材料的互动,支持幼儿有意义的学习,从而促进幼儿的发展。如小班生活区"喂食"区角,教师可以创设卡通动物头的区角环境,让幼儿给小动物喂食,以激发幼儿参与活动,发展幼儿小肌肉的精细动作和手眼协调能力。

(三)采用多样化的教育活动方法激发幼儿的兴趣

教育活动方法是教师和幼儿为了达成教育活动目标,借助一定的手段(如教具、媒体、语言、问题等)而进行的师幼相互作用的活动方式。幼儿的兴趣和动机是由教师和外部环境引发的,多样化的教育活动方法更容易激发起幼儿的兴趣和动机,促使幼儿主动探索与发现,教育活动方法主要有以下几种。

1. 以语言传递信息为主的方法

这类方法是教师借助口头语言向幼儿传递信息的方式,主要有讲述法、讲解法、回答法和讨论法等。

(1)讲述法。教师运用富有情感色彩和感染力的语言对事物或事件进行系统生动的叙述和描绘,将讲述的对象形象化,常用实物讲述、看图讲述等。讲述法的运用可以促使幼儿的感官积极活动,唤起幼儿对事物、事件的想象、理解和情感上的体验,产生身临其境的效果。

(2)讲解法。教师运用口头语言向幼儿解释和说明有关问题、经验或道理的方法,在科学活动中经常被使用。如,说明事物变化的原因、事物之间的联系、难懂的词汇、科学原理等。

(3)问答法。教师根据一定的主题,提出一些问题,师幼以口头语言问答的方式进行互动的一种方法。教师不断地以提问来引导幼儿观察、思考,可促进幼儿得出正确的结论,获得科学的经验,也有利于训练幼儿的语言表达能力。

(4)讨论法。在教师的指导下,幼儿以班级或小组为单位,围绕一个中心话题发表看法和意见的一种方法。讨论可以促使幼儿间相互启发、相互学习,获得学习和发展经验。

案例链接

在"恐龙"主题活动中,孩子们搜集了大量的资料和材料,"恐龙世界"渐渐成形了。最近,孩子们私下开始越来越多地讨论关于恐龙灭绝的问题。于是王老师决定带领全班幼儿针对这一问题来一次大讨论。

王老师先带领小朋友们观看了恐龙的光碟,然后问小朋友们:"你们知道恐龙是怎样灭绝的吗?"

"因为有一颗星星撞到地球上,恐龙就灭绝了。"

"不对,我爸爸说是因为天气变了,一会儿冷一会儿热,恐龙就死了。"

"我认为是他们恐龙太多了,把食物都吃没了,最后就饿死了。"

"活恐龙吃了有毒的植物,吃肉的恐龙又吃了被毒死的恐龙,所以就都灭绝了。"

孩子们各抒己见,争论不休,王老师拿着一本书插入了争论:"小朋友们,你们想的都有可能。在这本书中,有一位科学家也有一种观点,他的观点是恐龙被外星人带到了其他星球,你们觉得有可能吗?"大部分孩子觉得不可能,不过小部分认为可能的孩子立刻又投入了新的想象。

"我觉得恐龙去了火星,那里应该有它们吃的食物。"

"火星有水吗?没有水怎么生活?应该是去了水星。"

在孩子们进行讨论后,王老师及时鼓励了大胆将自己想法说出来的小朋友,并通过举手表决的方法一起讨论出了孩子们最认可的一种恐龙灭绝的方法"小行星撞击地球"。

2. 以直接感知为主的方法

这类方法是教师通过运用各种直观手段让幼儿直接感知获得信息的方式,主要有观察法、演示法、示范法和欣赏法等。

(1)观察法。观察法是指教师出示图片、实物、模型等,有目的、有计划地引导幼儿感知客观事物的一种方法。

(2)演示法。演示法是指教师通过展示各种实物、直观教具、模型,示范小实验或利用现代化教育手段,让幼儿获得感性认识的一种方法。

(3)示范法。示范法又叫模仿法,是指教师通过自己的动作、语言、声音或典型的事例,让幼儿进行模仿的方法。

(4)欣赏法。欣赏法是指教师创设一定的情景或利用一定的材料,让幼儿体验实物的美的一种方法。欣赏法可以陶冶幼儿的情操,培养幼儿的审美能力。

3. 以实践为主的方法

这类方法通过教师创设环境和材料,让幼儿进行各种事件活动的方式,主要有操作法、实验法、记录法、表达表现法和游戏法等。

（1）操作法。操作法是指教师利用一定的材料,让幼儿在对材料的摆弄和探索中练习动作技能,发现和获得知识经验的一种方法。

（2）实验法。实验法是指为了检验某种已经认定的科学理论和实验结果而进行某种操作或从事某种活动,让幼儿通过实验掌握一定的科学知识的一种方法。

（3）记录法。记录法是指教师提供纸张,让幼儿将活动中观察到的现象、数据等用图形、数字、符号等形式记录下来的一种方法。

（4）表达表现法。表达表现法是指教师引导幼儿通过绘画、手工、唱歌、舞蹈等具体的表达方式和语言等抽象的表达方式,来表现自己的思想和感受的一种方法。

（5）游戏法。游戏法是指教师通过有规则的游戏让幼儿参与活动并进行学习、发展能力的一种方法。

案例链接

上课铃响了,小朋友们都乖乖地坐好了。这时,刘老师拿出一个"玩具小人",孩子们的注意力一下子集中到了玩具身上。在玩具小人的背后,刘老师贴上了一张纸,纸上写满了他的"优点",刘老师一条条把他的优点讲给小朋友们听,大家都用美慕的目光看着玩具小人。讲完后,刘老师让小朋友们赞美一下自己,说说自己的优点,让大家各自向对方学习。

但是,问题提出以后,小朋友们似乎没有太大的兴趣。难道孩子们不愿说出自己的优点,还是不知道自己的优点该从何说起? "那我们想想自己有哪些好的地方可以让大家学习呢?"在刘老师的提示下,有几个小朋友把手举了起来,但举手的人还是不多。后来,刘老师突然想到把准备好的红色即时贴拿出来,把小朋友说的每一个优点,用最简单的词语写下来,然后再把这张小纸条贴在小朋友们身上。接着,孩子们的兴趣越来越浓厚了,有的说:"我上课积极发言。"有的说:"小朋友有困难了,我会帮助他们。"还有的说:"我会唱歌、跳舞。"越来越多的小手举了起来,大家争先恐后地说着自己的优点。

二、创设幼儿的最近发展区

根据前苏联心理学家维果斯基的"最近发展区"理论,在教学中,教师应注重幼儿的最近发展区,根据幼儿发展水平,提供具有一定难度的教学内容,促进幼儿的思考。只有把问题设置在幼儿的最近发展区域内,才能调动幼儿的积极性、发挥其潜能、超越其现有发展水平并向下一个发展阶段迈进,活动内容难度要适中,避免出现设计内容过难或者过易而导致在学生学习过程中出现幼儿灰心丧气或者失去学习兴趣等现象。

第七章
幼儿园劳动教育活动实施与评价

第一节
幼儿园生活活动中幼儿劳动教育的实施

一、明确劳动教育的目标

首先,要确定一个明确的目标,树立正确的劳动态度,培养良好的劳动习惯,获得积极的劳动经验,在情感目标的驱动下,提高幼儿的劳动知识和劳动技能。其次,从幼儿的年龄特征出发,结合幼儿的心理特征,开展幼儿的生活活动;根据幼儿的实际情况,制定不同年龄阶段、不同层次、不同难度的劳动教育目标。

二、完善劳动教育的内容

幼儿园劳动教育,对于促进幼儿的全面、健康成长具有重要意义,在选择教育内容时要将儿童的年龄特征与"最近发展区"相结合,针对于不同年龄阶段,确定劳动教育的内容。如小班的孩子,由于身体的协调性和动手能力都不强,可以安排以自己为中心的劳动教育:自己穿鞋,自己吃饭。随着幼儿进入中年级,他们的自理能力提高,肢体小肌肉也得到锻炼和发展。对独立工作的需求也随之增加,可以增加集体服务的劳动教育,教孩子们穿脱衣服、折叠衣服。大班幼儿可以承担更多的任务,例如协助教师摆设桌椅、搬床铺等内容。

三、丰富劳动教育的形式与方法

幼儿园的劳动教育方式和方法对于教育的实施起着关键作用。为了有效开展劳动教育,教师需要综合利用各种资源和方式,将劳动融入生活活动、区角活动、环境以及家长参与等方面,要结合多种资源和方式,将劳动教育融入生活活动、区角活动、环境和家长课堂等各个方面。教师应该将这些资源整合起来,丰富劳动教育的形式,力促教育效果最大化。例如,幼儿和教师一起参与户外劳动、捡树枝和使用小刀来削树枝,还可以使用斧子来搭建木屋,促进了劳动形式和内容之间的互补。同时,幼儿园的劳动教育需要使用丰富的方法,灵活选择,在实践中适时调整,充分发挥活动的趣味性、操作性和挑战性,兼顾知识的学习和技能的培养,同时也要促进幼儿情感的提升。

四、构建劳动教育的评价体系

科学的评价也是提高劳动教育质量的重要保证,要确保评价的全面性和客观性,需做到以下几点。首先,评价的主体要以教师为主体,以幼儿自评、同伴互评、家长参与为辅,做到评价主体的多元化。其次,评价应立足于劳动教育的四个目标,即评价儿童的劳动能力,并评估儿童的态度、行为习惯以及劳动经验,要将对幼儿生活活动中劳动教育的过程性评价作为重点,并制定相应的评价量表或者评价标准等。最后,对评价方法进行选择。以描述性的赞美语言为主,辅以物质激励,充分发挥评价的有效性。

第二节
幼儿园一日生活活动中劳动教育的实施

一、劳动教育在幼儿园一日生活中的实施策略

幼儿进行劳动教育是一个长期的过程,在这个过程中,需要计划幼儿劳动的时间和任务,并记录幼儿的劳动状态和不足,帮助幼儿养成劳动习惯,提高他们的自理能力和责任感,为幼儿的发展和成长提供支持和帮助。

(一)完善幼儿园值日生制度

幼儿参加一日生活的劳动教育,最常见的方法就是幼儿园值日生制度,它包含四个主要环节:晨间接待、用餐前后、午睡期间和转换活动。在晨间接待环节,值日生可以帮助教师安排学生的座位和日常用品,以及清理幼儿园的通道和桌面。在用餐前后的环节中,值日生可以帮助检查幼儿的卫生习惯和用餐方式,并帮助幼儿餐前和餐后的准备工作。在午睡期间的环节中,值日生可以帮助教师照看午睡的幼儿,同时将教室维持清洁和安静。在转换活动环节中,值日生可以帮助教师整理教室的杂物和文具,并检查自己的书包和衣物是否整齐干净。在一日生活活动中,对值日生制度进行完善,可以确保劳动教育顺利实施。

第一,合理安排值日时间。幼儿园的每一天都有安排好的计划,值日生安排要以每日计划为基础,尽可能地避免与幼儿的集体活动、区域活动等发生冲突,不影响正常的教学计划,保证幼儿的值日时间,同时,要考虑幼儿学段和身心发展差异,安排与幼儿年龄特点相适应的值日任务,通过完成值日任务,促进幼儿发展。

第二,激发幼儿参与值日的主动性和积极性。传统的由教师设定值日制度,事先设定规矩和值日生环创,告知幼儿值日生工作的做法,过于强调教师的权威,会造成幼儿被动参与,不利于培养幼儿自主性和创造性,要充

分调动幼儿参与劳动的积极性,采取幼儿参与轮值生制度的制定工作,了解并制定值日生承担的值日任务和遵守的规则,培养幼儿的责任感和合作精神。

第三,加强对幼儿指导。在幼儿进行值日过程中,如遇到集体活动延迟、幼儿行动迟缓等情况,教师应给予学生足够的时间,引导值班生做好值班工作。可以实行"混合年龄值日"形式,大班的孩子到低年级去帮忙,帮助低龄段孩子上厕所、换衣服,或与他们一起玩耍,教师要全程关注孩子,并适时帮助和指导,以提高大班幼儿沟通技巧,促使其社会性发展。

(二)劳动教育融入幼儿园一日生活活动设计

在蔡迎旗的《学前教育原理》(2017)一书中,蔡迎旗把幼儿园的生活活动划分为:入园(晨检、晨间接待)、如厕、盥洗、饮水、户外运动和体育锻炼、餐点、午睡、离园、转换活动,共九项活动。在一日的生活中,劳动教育的重点是:晨间接待(有时包括户外活动)、午餐前后、午睡期间以及转换活动(包括盥洗、如厕、饮水)。从上述这四个方面来对幼儿园小、中、大班一日生活活动中的劳动教育进行设计,详见表7-1、表7-2、表7-3。

1.小班一日生活活动中劳动教育方案设计

表7-1　小班一日生活活动中劳动教育方案设计

劳动教育目标		自己的事情自己做,进行自我服务,培养基本生活自理能力
劳动教育内容	晨间接待	乐于配合晨检,自己叠放外套
	午餐前后	自己摆放椅子,自主进餐,熟练用勺子吃饭
	午睡前后	锻炼独立穿脱衣服和鞋袜
	转换活动	盥洗:在教师指导下,饭前、便后及手脏时及时洗净双手,自取毛巾擦手,饭后擦嘴漱口
		如厕:自主如厕,便后冲水,整理好衣裤
		饮水:正确使用水杯,接适量温开水
劳动教育建议		对于小班幼儿的劳动要求相对简单,分量轻,时间短,以自我服务为主。在一日生活中,注重随机教育,利用儿歌、故事、游戏等形式,提醒、帮助幼儿进行自我服务,掌握正确方法后,鼓励幼儿逐渐尝试独立照料自己的生活,在幼儿劳动的过程中要耐心等待和积极鼓励,不能因为做不好或做得慢而包办代替

2. 中班一日生活活动中劳动教育方案设计

表 7-2　中班一日生活活动中劳动教育方案设计

劳动教育目标		自主进行自我服务的同时,尝试为班集体服务,初步树立劳动最光荣的思想观念
劳动教育内容	晨间接待	自主接受晨检,独立迅速脱外套,叠整齐,轮流做值日生,按要求完成值日生工作,帮助教室绿植浇水
	午餐前后	自主取餐,文明进餐,根据需要使用勺子或者筷子吃饭,自己清洗碗和勺子,擦拭饭桌
	午睡前后	独立穿脱衣服、鞋袜,尝试叠被褥
	转换活动	盥洗:饭前、便后及手脏时自主洗手,洗手方法基本正确,自取毛巾,餐后主动漱口,节约用水 如厕:有序如厕,大小便自理,自主冲水,整理好衣裤 饮水:根据需要自主适量饮水,洗刷杯子
劳动教育建议		中班幼儿动作比较灵活,在自我服务方面进一步提高质量和速度的要求,能按要求轮流做值日生,能按照要求完成内容丰富的劳动任务,初步有良好的劳动意识和习惯。教师可以先做正确的劳动行为示范,当幼儿遇到困难,可以通过讨论、分享和操作练习等方法来解决。在劳动中,孩子们可以培养独立精神,学会尊重劳动和尊重他人,提高劳动意识和劳动能力,形成服务精神和助人品格,为后续发展打下良好基础

3. 大班一日生活活动中劳动教育方案设计

表 7-3　大班一日生活活动中劳动教育方案设计

劳动教育目标		养成较强的生活自理能力,自觉为周围环境做力所能及的公益活动,主动参与劳动、热爱劳动,初步培养树立正确的劳动价值观
劳动教育内容	晨间接待	自主接受晨检,能够根据天气变化和活动需要主动增减衣物,进行值日生分餐、清洁、整理等班级劳动,能够修剪绿植,主动捡起地上的垃圾或者物品
	午餐前后	建立新的流程:幼儿自取餐点→幼儿剥鸡蛋→幼儿清理万种残渣→幼儿倒盘中残渣→幼儿洗渣盘→幼儿擦渣盘→幼儿分类放餐具→幼儿擦桌面

续表

劳动教育内容	午睡前后	主动铺床入睡,被褥叠整齐,扣纽扣,系鞋带,梳头发
	转换活动	盥洗:饭前、便后及手脏时主动洗手,洗手方法正确,餐后自主漱口,自取毛巾,自洗毛巾 如厕:主动如厕,冲水,整理好衣裤,使用厕纸 饮水:主动饮水,根据季节、身体需要等调整喝水量,洗刷杯子

大班幼儿体力、能力和独立性进一步增强,能主动承担值日生劳动,做到分工明确,任务完成质量高,劳动频率高。一日生活中,引导幼儿建立时间意识,如当进餐时间到,就开始进行相应准备等,鼓励已经掌握某些生活技能的幼儿,主动帮助同伴,与同伴合作,想办法解决活动中遇到的难题

大班幼儿可以使用记录表记录劳动情况,填写午餐前后记录表:

日期	值日幼儿学号	幼儿劳动内容(在做的内容下面打√)				幼儿自我评价 1. 完成得不错 2. 仍需加油
		擦桌子	摆碗	放勺子	发餐盘	

(劳动教育建议)

二、丰富幼儿园一日生活中开展劳动教育的途径

随着社会大趋势的不断变革,家长对于儿童早期教育越来越重视,专家呼声也日益高涨,但幼儿参与劳动教育活动开展得不温不火,实践中幼儿园中的劳动教育亦处于幼儿园教育教学活动边缘化地位。为深入开展幼儿园劳动教育,合理安排幼儿一日生活,有机融入劳动教育是完善幼儿园课程和提高教育质量的重要途径,可以从以下三个方面进行。

(一)鼓励幼儿参与幼儿园内劳动

在幼儿园一日生活中,鼓励幼儿主动参与一些简单的劳动,如幼儿的自助性劳动,内容包括:自己进食,午睡时自己穿衣脱鞋,自己折叠被子,教师

要依据幼儿自身的能力发展情况,鼓励幼儿完成相应的任务,提升幼儿的自理能力;也可以安排幼儿参与值日,如在饭前分发餐具,在室外活动的时候,帮助教师们摆放、整理设备,以此帮助幼儿体验帮助他人的快乐,促进幼儿社会性情感的发展。

(二)走出幼儿园,体验劳动

校外资源也是促进幼儿园学习和发展的劳动教育内容,幼儿劳动在一日生活中的开展,要整合校外和幼儿园的教育资源,科学选择时间,组织幼儿走出校园,开展劳动教育,体验劳动的艰辛和快乐。如中国北方的秋季是石榴、葡萄的丰收季节,可以组织幼儿去农场摘葡萄,与老师同学家长分享劳动成果,共同享受丰收的喜悦。也可以组织孩子们去观察环卫工人劳作情景,在保证安全的情况下,参与环卫工作,体验环卫工人工作的不易和艰辛,培养幼儿热爱劳动、珍惜他人的劳动成果和尊重环卫工人的品质。

(三)结合传统节日,实时进行劳动教育

我国的优秀传统文化灿若星空,需要教师将其有机融入幼儿教育中,使幼儿从小浸润在传统文化中,在熏陶中成长,树立孩子的文化自信,培养幼儿爱家乡情感,发扬中华民族传统美德。结合传统节日进行劳动教育,是提高教育效果的最佳时间。例如,在元宵节,教师们和幼儿一起学习节日来源和汤圆做法,实践汤圆做法,品尝汤圆美味,感受传统文化魅力,体验劳动乐趣。

总之,幼儿园要结合自身的实际情况,充分利用已有的教育资源,教师应该充分发挥自己的专业知识和创造力,创设合适的劳动教育环境和活动,为幼儿一日生活中的劳动教育开展留出足够的空间与时间,为实现劳动教育目标提供有效的保障,同时,加强对幼儿参与劳动实践的指导和帮助,培养幼儿的劳动习惯和劳动意识,促进幼儿全面发展。

三、劳动教育在家庭一日生活中的实施策略

(一)积极参与家务劳动

父母是幼儿学习和发展的第一任教师,幼儿良好的生活习惯关系到未来的生存发展,在家庭中,父母要鼓励孩子参与家务劳动,培养良好的劳动

习惯,培养初步的劳动技能。父母要改变"万般皆下品,唯有读书高"的育儿理念,为幼儿提供家务劳动的机会,摒弃因为幼儿行动迟缓或者效率不高而大包大揽的行为,鼓励幼儿参与家务劳动,并给予及时的帮助和指导。

(二)积极参与社会劳动实践

陈鹤琴先生认为,"大自然和大社会是活生生的教科书",他认为幼儿在生活环境中学习,必须围绕自然和大社会来组织他们的课程。在家庭进行的劳动教育中,父母可以带领和引导孩子认识社会和体验劳动,如可以让孩子认识、了解进而理解他们的职业,也可以带孩子到社会认识并体验各行各业的劳动,丰富他们的职业认知,培养孩子们正确的劳动观。另外,家长可以带孩子走向户外,接触大自然,熟悉植物和动物的生存环境,培养与大自然和谐相处的情感。

四、科学评价幼儿园一日生活中的劳动教育

《纲要》指出:"教育评价指幼儿园教育工作的重要组成部分,是了解教育的适宜性、有效性,调整和改进工作,促进每一个幼儿发展,提高教育质量的重要手段。"评估是教师开展教育活动的一项重要内容,它是对孩子们表现好与坏的反馈,可以帮助教师及时调整、改善工作,提升教育教学水平。劳动教育在一日生活的开展实施,也需要进行科学评价。幼儿是具有极大发展潜力的特殊群体,有其特殊性,教师评价对幼儿影响深远。在幼儿园劳动教育开展过程中,幼儿园教师往往对孩子们工作过程关注不够,对劳动教育的评价更侧重结果,评价措施一般是语言表扬,或者为孩子们发一张小贴画、小红花等,往往缺乏对孩子们的工作过程给予充分的认可赞赏。在幼儿园劳动教育活动实践过程中,幼儿园老师要转变观念,认识到劳动教育的目标是儿童的劳动习惯和劳动观念的培养,而非对劳动结果进行好或坏的评价,通过劳动教育,加强幼儿情感、人际交往等社会性的培养,促进幼儿健康发展。

第三节
幼儿园区域活动中劳动教育的实施

区域活动是幼儿园开展教育教学的重要内容,也是幼儿自主发展和成长的途径,通过区域活动,教师将各种教育资源充分利用起来,融合集体、分组、个别教育等教育组织形式,提供活动素材,组织幼儿进行自主选择、合作交流、探索思考,促进幼儿快乐成长。

一、幼儿园劳动教育在区域活动开展过程中存在的问题

(一)劳动教育区域较少

良好的外部环境可以满足幼儿们对劳动实践活动的需要,劳动教育区域为幼儿学习和发展提供空间支持,是劳动教育顺利实施的保障。调研中发现,幼儿园对于活动空间的设计,侧重健康领域,劳动教育的空间设置较少,幼儿园劳动教育难以开展,幼儿没有机会参与劳动教育,不利于幼儿健康全面发展。

(二)活动材料投放不足

地域活动素材是为满足幼儿的学习和活动需要而设计的素材载体,幼儿利用喜欢的素材,参与劳动,进而进行劳动观念和技能的初步培养。调研中发现,教师出于安全考虑,对活动材料进行小剂量的投放,难以把区域活动和劳动教育有机地结合起来,无法保证劳动教育的持续性。

(三)忽视区域活动指导

幼儿在学习发展过程中,常常表现出"向师性",遇到问题首先向教师求助,教师可以借此对幼儿劳动技能和情感进行科学指导,提高劳动教育效果。调研中发现一些教师并不重视科学引导,在区域活动中并未给予足够的重视,让幼儿任意发挥,难以培养良好的劳动能力和习惯。

二、幼儿园劳动教育在区域活动开展的策略

(一)合理布局,提供环境支持

一方面,幼儿园要科学设立室外活动场地,根据幼儿园实际情况,适当增加植物和动物区域,为幼儿进行室外劳动教育提供条件支持和保障。另一方面,教师在进行室内的劳动教育活动时,要科学设计劳动活动方案,依据教育目标和幼儿身心素质发展特点,合理布局,充分发挥学生积极主动行,力促教育效果最大化。可以运用集体与个体两种教育的方法来进行劳动教育,提升孩子们的劳动意识。如在小班开展"整理衣物"主题教育活动,教师可以演示折叠衣服,整理裤子,摆放鞋子和帽子等加强幼儿整理衣服技巧初步培养;还可以根据不同的衣物分类划分出衣物推销员、服装设计等角色,让孩子们在游戏中感受到劳动带来的快乐;也可以将整理活动相关的童谣融入活动,通过教唱"我爱整理"童谣,创造劳动情境,调动儿童参与劳动的积极性,提高教育活动效果。

(二)因地制宜,适时开展教育

劳动教育与幼儿生活密不可分,教师在教学过程中应坚持"因地制宜"的原则,为儿童提供更多练习和实践机会。如针对大班幼儿进行的"清洗果蔬"主题教育活动中,教师可以利用幼儿园餐厅的场地,根据孩子们的兴趣选择蔬菜、水果等,适时开展教育。教师可以与孩子们讨论大家喜欢吃的食物,并向他们讲解食物烹饪过程中最重要的步骤——清洗,激发孩子们的参与活动的兴趣;然后教师给幼儿展示如何清洗蔬菜,同时鼓励孩子动手清洗蔬菜,让幼儿掌握清洗蔬菜的技能,这样就使得劳动教育与生活紧密结合,提高幼儿的劳动技能,培养良好的劳动习惯。

(三)科学指导,激发劳动热情

幼儿成长与发展离不开老师指导,教师要利用幼儿的"向师性"心理,因势利导,在劳动教育过程中,科学指导,给予适时的帮助,能够有效保证劳动任务的完成,促进孩子发展。如小班开展"清洁卫生"主题教育活动,组织幼儿进行"我是小能手"的游戏,幼儿园教师在教学活动过程中要鼓励幼儿自

己的桌子书包收拾干净,细心观察幼儿,及时肯定幼儿,对于幼儿遇到的困难,要给予及时的帮助和指导,保证活动顺利进行。

(四)家校共育,巩固教育成效

父母是孩子学习和发展的第一任教师,家校共育形成教育合力,是巩固幼儿园劳动成果的重要途径,教师可以将幼儿园区域活动延伸至家庭,鼓励父母参与劳动教育,培养幼儿的劳动意识和习惯,巩固教育效果。如针对小班的"垃圾分类"主题活动的延伸,教师可以鼓励幼儿回家后,跟父母一起完成垃圾的分类、整理和投放等任务,充分发挥家园共育教育力量,巩固幼儿园劳动教育效果。

总之,劳动教育在幼儿园的区域活动中实施,要求教师关注儿童,整合教育素材,创造良好的活动环境,合理确定劳动任务,科学评价幼儿发展,激发儿童参与劳动的兴趣,培养他们的劳动意识,提高幼儿劳动教育效果,促进幼儿健康成长。

第四节
幼儿园游戏中劳动教育的实施

一、幼儿园劳动教育游戏化的理论基础

（一）游戏教学理论

游戏是幼儿在幼儿园学习成长过程中最基本的活动,在游戏过程中,幼儿可以通过与周围环境的交互作用,来感知世界并获得生活经验,而劳动教育通过自己的活动来认识周围的环境,获得直接和具体经验,满足幼儿生存发展需求。"游戏教学理论"创始人北师大教授刘焱指出,游戏是幼儿园最基本的活动,其目的是提供适合孩子们的游戏和生活环境,确保孩子们的游戏权,保障孩子们的个性发展,让他们的身体和精神得到全面、和谐、健康地发展。在开展劳动教育时,教师应根据孩子们的身体和心理特征,为幼儿营造环境,积极地指导并推动儿童的参与,让儿童在游戏中获得劳动的经验,初步培养幼儿树立正确的劳动习惯和劳动观,为幼儿的终身学习和全面发展奠定基础。

（二）生活预备游戏说

生活预备游戏理论是由德国心理学家和生物学家格罗斯提出："游戏是一种生活的无意识的准备,是一种天生的不完善和不成熟的本能的训练,孩子们通过游戏来模仿和学习生活所必需的技能,游戏的内容很大程度上依赖于将来成熟的成人的生活的内容。"依据生活预备游戏理论,游戏是幼儿模仿成人活动的一种方式,幼儿园的劳动教育通过游戏化的方式,通过游戏培养幼儿未来生存所需的各种劳动技能,奠定劳动经验,培养他们的创造力和想象力,为未来生活学习奠定良好基础。

二、幼儿园劳动教育游戏化的价值

(一)提高教师专业能力

教师在幼儿园劳动教育中的角色不仅是一个知识的传授者、活动的组织者,同时也是一个游戏环节的设计者,要求教师具备较高的专业素养,幼儿园劳动教育的游戏化,要求教师创设游戏化情境,依据幼儿的特点,鼓励幼儿积极参与劳动,加强对劳动过程的指导和帮助,科学评价幼儿劳动,使幼儿通过劳动获取劳动经验、知识和技能,推动幼儿德智体美劳均衡发展,成为一个全面和谐发展的个体,活动结束后,幼儿园教师通过反思和记录教育效果,完善教学活动环节,提高自身专业能力。

(二)促进幼儿身心发展

1.增强幼儿体质

幼儿在参与劳动活动过程中,身体各个器官都会得到全面的锻炼和发展,身体素质也会得到提高,及时对他们进行劳动教育,能促进手眼协调能力、手部精细动作、大肌肉发展等各项生理机能的发展,对其生理功能的发展也有显著促进作用。如,幼儿参与打扫活动区域、擦拭桌子、打扫床铺,可以锻炼小肌肉和大肌肉运动;参与剪纸、做手工等活动,可以有助于提高幼儿手部的精细动作和专注度,增强手眼协调能力。

2.提高幼儿智力

劳动是创造性的活动,幼儿通过参与劳动,了解工具,掌握技能,拓宽知识面,丰富生命体验,此外,劳动教育过程中需要大脑控制和协调,幼儿早期参加劳动训练,能够刺激儿童的脑细胞,促进大脑发育,缓解大脑疲劳。例如,整理床铺时的按照步骤展开和对折的过程需要思考和记忆,促进幼儿智力发展。

3.培养优良品质

立德树人是我国教育的根本任务。幼儿参加劳动教育,首先,可以培养他们的责任感、独立性和自信心;其次,通过劳动过程与老师和同伴的交流与协助,可以培养幼儿合作团队精神;再次,在解决实践过程中遇到的困难,有助于幼儿养成勤劳勇敢、吃苦耐劳的性格,形成健全人格;最后,通过参与劳动教育,可以帮助幼儿树立劳动者最光荣的正确的劳动观,促进幼儿全面发展。

4.促进社会角色认知

在进行劳动教育过程中,通过观察和体验社会各种的劳动岗位,清晰对职业的了解和认识,加深对社会角色的认知,为未来可持续发展奠定基础。如,通过角色扮演幼儿喜爱的医生和护士活动,幼儿可以清晰了解医生和护士的工作流程和状态,丰富如何照顾病人和交流等社交经验,加深对医护职业的理解,初步树立尊重医护工作者观念,培养劳动情感。

三、幼儿园劳动教育游戏化的特征

(一)趣味性

游戏因内容生动、形式活泼而深受幼儿喜爱,孩子们在游戏过程中,有趣的游戏活动可以给孩子们提供丰富的环境和场景,调动幼儿参与活动的积极性,激发他们的好奇心和想象力,培养幼儿的创造力,因此,趣味性是幼儿园劳动教育游戏化的首要特点。这就要求教师在进行劳动教育活动时,依据幼儿特点,选择趣味性内容,调动幼儿的劳动热情,加深对劳动的认识。

(二)情境性

"情境"一词在《现代汉语造句词典》中被解释为"在特定情况下的情况、情景"。美国心理学家布朗提出了"情景式学习"这一概念,是一种能够对受教育者产生影响,并能激发他们的学习动机的活动。幼儿园教师应从儿童的生活出发,创造出与儿童密切相关的劳动场景,让孩子们在游戏中感受到劳动的快乐,促使教育效果最大化。

(三)主体性

幼儿园教育必须坚持幼儿的主体性原则,幼儿是学习和发展的主体,幼儿园教师在实施劳动教育教学中,根据幼儿的身体和心理发育特点,遵循其独立和创造性发展的规律,选取适合幼儿年龄和身心发展特点的教学活动,创造促使幼儿充分发挥主观能动性的环境,尊重幼儿的主体价值,减少对幼儿干预,及时给予幼儿指导和帮助,激发他们对劳动的兴趣,培养幼儿的劳动能力,促进其社会性发展。

(四)体验性

幼儿的学习是以直接经验为基础,在游戏和日常生活中进行的,幼儿通过直接感知、实际操作和亲身体验获取经验。幼儿园劳动教育游戏化要求教师要尊重幼儿的个体感受和观点,让幼儿用身体、眼睛、耳朵和双手去亲身感知、操作和实践,帮助幼儿直接劳动经验的获得,促进情绪和认知发展。

四、幼儿园劳动教育在游戏中的实施途径

(一)重视游戏的教育价值

劳动教育与游戏密不可分,与健康教育、智育、德育和美育紧密相连,在幼儿学习生活中,游戏是连接劳动教育活动的桥梁,教师可以将游戏的理念和精神融入劳动教育中,结合多方面教育元素,组织幼儿参加游戏,通过快乐的游戏来逐渐掌握劳动的知识和技能,促进幼儿全面发展。幼儿通过感受和体验劳动的过程,可以获得劳动知识和技能,创造出属于他们自己的劳动成果。

(二)尊重幼儿在劳动活动中的主体地位

游戏是激发幼儿创造性的最佳方式之一,在劳动教育中加入游戏元素,可以更有效地激发幼儿的兴趣和学习动力,实现劳动教育教学价值。鉴于幼儿发展的不成熟性和潜在性,在进行游戏活动时,教师应充分尊重幼儿主体地位,给予幼儿选择、参与、协商和合作的自由,挖掘其内在潜能,帮助其获取直接经验,推动幼儿整体和谐发展。此外,教师要因势利导,及时指导和帮助幼儿,避免教师过度规范和干预活动,出现压抑幼儿主动性和个性现象。

(三)渗透各教育领域

劳动教育不是单一的教育手段,而是蕴含了道德、智力、身体和审美等教育功能,对于孩子们的综合素质提升起到重要作用,将其融入各个教学活动领域,与身体、智力、道德和审美的有机融合,让幼儿在参与活动过程中获

取更多关于劳动的知识,启蒙孩子们的劳动意识,能有效激发幼儿参与劳动积极性,培养初步的劳动技能和良好的劳动习惯。如教师利用区角活动,开展"植物角""幼儿园的农业劳动""美食制作"等活动,培养幼儿学习播种、浇水、除草及收获等劳动技能;在美术区,通过动手制作来理解材料的特性并培养创造的能力;在生活区的"娃娃家"中,通过警察、清洁工等角色扮演,增加社会角色认知,培养劳动最光荣的劳动情感。通过参与劳动教育,幼儿在活动中学习、认识和思考,获得最直接、最真实的劳动体验,树立正确的劳动观念,为幼儿可持续发展奠定基础。

五、幼儿园劳动教育游戏化实施策略

(一)遵循的原则

1.量力适度原则

量力适度的原则要求劳动教育的目标和内容应与孩子的年龄特点相适应,教师要根据孩子的能力范围,以幼儿的认知水平和能力为基础,根据班级实际情况和幼儿的年龄特点,合理地安排差异化的劳动活动,科学选择游戏化的内容,循序渐进地进行劳动教育。小班以自我服务为主,中班在自我服务的基础上为集体服务,大班则逐步学会为他人、为集体服务。

2.生活化原则

劳动教育与幼儿生活紧密联系,有助于幼儿对劳动有深入的认识,满足自身发展需求。生活化原则要求教师以儿童为基础,根据儿童生活逻辑,合理优化设计劳动教育内容,采取符合幼儿生活习惯和兴趣的方式,实施科学合理的教学活动组织形式,激发幼儿参与劳动活动的积极性,引导幼儿参与劳动活动,保障劳动教育活动质量,提高幼儿综合素质能力,促进儿童健康成长和学习。

(二)实施案例

劳动教育与游戏融合,增强活动的趣味性,有助于调动幼儿参与劳动积极性,培养幼儿的劳动技能和意识,增进教育效果。本书对幼儿园大班进行调研,依据大班幼儿发展特点,设计了"劳动者'联盟'"劳动教育活动。

1. 情境教育主题活动

（1）"微笑服务"。创设火车旅行情景，幼儿扮演售货员和旅客，要求售货员耐心服务，旅客购买玩具或零食，让幼儿体验劳动过程，加强幼儿交往沟通能力。

（2）"消防员真勇敢"。通过邀请消防员到幼儿园进行实际灭火训练和灭火演习，幼儿直观感受消防员的训练和灭火过程，并参与实际的操练，帮助幼儿掌握消防知识，深入了解消防职业，感受消防员的组织纪律性，增强幼儿生活学习中的安全意识，为健康发展奠定良好的基础。

（3）"牙科医生与小患者"。通过角色扮演，要求幼儿扮演身穿白大褂、认真治疗的牙科医生，检查幼儿扮演患者的牙齿，交流病情，帮助幼儿增进口腔卫生知识，增进沟通技巧，树立爱护牙齿意识，培养乐于服务他人的良好品德。

2. 劳动知识主体活动

大班幼儿已经积累初步的劳动知识和经验，组织幼儿讨论社会各行各业的工作，初步体验劳动过程，开展劳动知识竞赛。两个幼儿主持人提问各个行业的劳动知识问题，参赛选手竞答，通过活动，加深幼儿对各个行业的了解，初步培养劳动最光荣的意识。

活动案例的设计旨在通过情境表演让幼儿体验劳动的快乐，初步培养幼儿树立对各行各业劳动的认同感和劳动情感，劳动教育游戏化要求教师们将幼儿从知识情景带入劳动情景，激发幼儿积极参与劳动，养成吃苦耐劳、乐于助人的道德品质，促进幼儿全面发展。

（三）题材紧贴幼儿生活

幼儿园的劳动教育与幼儿日常生活密切相关，自我服务劳动有助于幼儿养成自理能力和劳动习惯，逐步从依赖成人生活过渡到独立生活。集体生活的教学活动，加强幼儿的劳动认知，增加劳动知识，培养初步的劳动技能和意识，尤其是小组活动，有助于加强幼儿责任感，培养幼儿团结合作、关心他人和乐于助人的道德品质，帮助幼儿全面发展。

（四）组织方式要激发幼儿的参与性

在幼儿园劳动教育游戏化过程中，教师要充分利用游戏的趣味性，依据幼儿的身心发展特点,紧密结合幼儿的日常生活,有效调动各种教育资源,挖掘劳动教育内容的趣味性,把教学内容和游戏活动有机融合,开展多样化和丰富多彩的劳动教学活动,帮助幼儿在游戏中体验劳动过程,发展他们的劳动情感,培养初步的劳动技能。

六、劳动教育游戏化的环境创设

(一)空间设计要安全适宜

劳动教育游戏化的环境创设首先要确保其安全性,良好的环境是幼儿身体和生活的基本保障,同时也是幼儿园教师开展劳动教育的前提。教师首先要保证游戏场所的安全,以防游戏伤害幼儿,其次要培养幼儿的安全意识,提高他们的自我保护能力。户外游戏场所宽敞、通畅和安全,游戏质量过关,安全措施到位,帮助幼儿在游戏过程中的探索兴趣和动机,以达到最佳教学效果。

(二)区域设置合理

创设活动区域时,教师根据孩子的身心发展需求,结合场地条件,发挥区域固有的提示和调控功能,设计有针对性、多样化的活动区域以满足不同孩子的需要,确保劳动教育活动顺利开展。此外,还需关注不同活动区域科学设置,以确保各种活动区域互为补充,实现最佳教育效果。

(三)区角材料多样性

丰富、多彩的区角材料是对幼儿开展劳动教育的重要条件,能有效激发幼儿的好奇心,有助于幼儿在活动中掌握劳动知识、习得劳动技能,并养成好的劳动习惯。教师应根据幼儿的兴趣,结合教育资源,将不同的游戏素材放在不同的环境中开展劳动教育。如,中班的种植区中,为幼儿准备植物种子和各种小工具,让幼儿为植物松土、浇水、施肥,体会劳动的乐趣;在生活区角,可以为孩子们准备一些带扣的衣物、鞋带、毛巾等物品,有助于幼儿获得劳动知识和发展劳动能力,通过为幼儿提供丰富、多样的游戏材料,帮助幼儿生成和建构劳动经验,促进幼儿发展。

七、幼儿园劳动教育游戏化保障机制

(一)增强家园共育,转变家长劳动教育观念

在调查中发现,受传统教育观念的影响,部分家长重视幼儿智力发展,对劳动教育重视不够,在教育实践中倾向让幼儿进行知识学习,忽略对儿童进行劳动教育。要转变教育观念,深入推进幼儿园劳动教育游戏化,教师应重视家园共育工作,普及科学的养育理念和方法,转变消极态度,形成幼儿园和家庭教育合力、协同育人,促进劳动教育工作有效实施。

(二)组织教研活动

劳动教育是幼儿园教育的重要组成部分,但是,调研发现目前幼儿园劳动教育在幼儿园教学活动中仍处于边缘化状态,教师要面对当前劳动教育实践,开展问题为导向的教研活动,反思、发现和解决劳动教育实施中出现的问题,提升教师的教学能力,促进教师的专业成长,顺利实施劳动教育。

(三)幼小有机衔接

中共中央、国务院在 2020 年 3 月 20 日印发了《关于全面加强新时代大中小学劳动教育的意见》,明确要求加强大中小学劳动教育,这是自新中国成立以来首次对大中小学劳动教育进行的顶层设计和系统部署,突显了国家对劳动教育的重视,也要求各级各类学校要充分认识劳动教育的育人功能,构建从幼儿园到小学,各学段有机衔接的劳动教育体系,提高劳动教育质量。幼儿园教育教学活动以游戏为主,注重让幼儿在游戏中学习,在活动中体验,小学则以课堂教学和实践为主,教师注重让学生通过观察、探索、表达等方式进行劳动知识与技能的培养,幼儿园应加强劳动教育与各学科教育有机融合,做好劳动教育幼小衔接,保持劳动教育的连续性,为幼儿全面发展奠定良好基础。

第五节
幼儿园劳动教育活动评价概述

2020年,中共中央、国务院颁布了《深化新时代教育评价改革总体方案》,教育评价成为学校教育教学改革与研究的热点。教育评价是教育教学工作的指挥棒,是现代教育治理的重要环节。评价教育活动的过程不仅要评估教师的教育理念和行为,而且要对幼儿的发展情况、能力水平及其行为表达等方面作出科学、正确的评价,如何充分发挥评价的导向、调控、鉴定等作用,提高劳动教育评价的科学性和专业性,是新时代幼儿教师面临的要求和挑战。

一、幼儿园劳动教育活动评价的意义

(一)促进幼儿发展

《纲要》指出:"幼儿园的教育评价应自然地伴随着整个教育过程进行,综合采用观察、谈话、作品分析等多种方法进行。"在调研中发现:幼儿园劳动教育实践中,教师进行教育评价时存在纪律管理的评价居多、笼统性评价和横向比较居多、"口号式"评价泛滥、评价的对象固定等现象,要改变这一现象,要求教师具有专业的评价素养,更好地运用专业知识来分析和评价幼儿的行为,促进幼儿的全面发展。

(二)促进教师专业发展

2021年,《学前教育专业师范生教师职业能力标准(试行)》发布,"实施教育评价"被作为基本能力,指出教师要了解幼儿园教育评价的目的与方法,运用观察、谈话、家园联系等方法去了解和评价幼儿。幼儿教师要能够基于幼儿的身心特点,运用科学的技术工具对幼儿的学习过程进行分析,并收集幼儿的学习反馈。幼儿教师评价素养和理念是幼儿教师专业发展的重要组成部分,是幼儿园劳动教育质量保障,教师需要不断学习和更新专业知识和专业理念,对劳动教育活动进行科学评价,促进教师职后专业发展。

175

(三)促进教育目标的实现

学前教育是有目的、有计划的活动,幼儿园的教育活动评价是指导教育活动开展的重要手段,通过评价,可以确保幼儿园劳动教育紧紧围绕培养目标,指导活动过程,巩固教育效果,修定和完善活动设计方案,为后续劳动教育活动有效实施提供有力的支持。

二、幼儿园劳动教育活动评价的内容

(一)幼儿发展状况

在幼儿园的劳动教育活动中,幼儿发展状况可以从多个角度和方面进行获取,涵盖健康、语言、社会、科学和艺术等五个领域,评价应以促进幼儿的发展为最终目标,遵循课程目标和内容,确保评价工作的全面性和客观性。

1. 健康领域

(1)孩子的生长发育是否正常,是否具有防病和抗病的能力,是否能够正常地生活和玩耍,以适应天气的变化。

(2)幼儿对幼儿园生活有没有兴趣,是否能适应幼儿园生活,情绪是否愉快稳定,是否能够积极参与各项生活游戏活动,是否有良好的生活习惯和卫生习惯。

(3)幼儿是否具有基本的自我照顾能力,能否自己吃饭、上厕所和睡觉;梳洗时是否积极主动,是否能够自立自强。

(4)幼儿是否具备参与各项运动的积极性、协调性、柔韧性、平衡性和耐力。是否能熟练掌握不同的操作,并能熟练运用双手和眼睛。是否能在比赛中遵守比赛纪律,互相帮助,爱护器材和物资。

(5)幼儿有没有基本的自我保护意识和基本的自我照顾能力,是否具备基本的安全、生活、卫生、营养和健康的基本知识。

2. 语言领域

(1)孩子是否具备听懂他人说话的能力,能否听懂生活中的语言。

(2)孩子们是否能够享受语言交际的乐趣,是否能够礼貌地交谈,清楚地表达自己的意思,并用语言进行沟通。

（3）孩子们是否有表达的欲望，在讲故事的时候，他们说出的句子是否流畅，用词是否恰当。

（4）儿童在日常生活中，能否利用语言进行沟通，解决问题。

（5）孩子们是否热爱读书，是否有读书的好习惯，对儿童读物是否有兴趣。

（6）儿童对常见符号、标记及文字的关注程度如何。

3. 社会领域

（1）幼儿性格是否开朗，活动结束后是否有成就感。

（2）孩子们是否能够与周围的人进行积极的交流，在活动中能否与他人进行互助、合作和分享，是否具有较好的人际交往能力。

（3）幼儿在日常生活中，是否能够了解和遵循基本的行为准则，并具有较好的社交能力。

（4）孩子是否能够战胜困难，是否能够坚持到底，是否具有初步的责任心和毅力。

（5）孩子对身边的人和物，是否具有爱心和同情心。

（6）儿童对其行为和言语的社会准则的认识和判断的能力如何。

4. 科学领域

（1）幼儿是否对周围的事物和现象产生兴趣，是否具有强烈的好奇心和求知欲望。

（2）孩子们能否积极地进行观察、操作和实验，是否初步掌握科学探索的过程和方法。

（3）孩子在日常生活与游戏中，能否体会到数与数之间的联系，是否能够进行比较与推理，是否能够解答简单的数学题。

（4）孩子们是否有保护环境的意识和行动，是否喜欢小动物和植物，是否喜欢大自然，是否保护自然资源。

（5）儿童在科学探索中的体验与情感，能否以恰当的方式进行表达与沟通。

5. 艺术领域

（1）儿童对其所处的环境及所创作的艺术作品或者艺术活动的感受及喜爱程度。

（2）儿童能否积极地参加艺术活动，并在活动中表现出愉快的心情和浓厚的兴趣。

（3）孩子们能否以他们所喜爱的方式，大胆地、富有个性地进行艺术表达。

（4）儿童进行艺术活动的良好习惯是否已初步形成。

（5）幼儿的身体素质、认知能力、感觉能力和表达能力，尤其是情感能力和想象力和创造力，在艺术活动中是否得到了充分的发展。

（二）教师评价素养

幼儿教师评价素养是指幼儿园教师在进行幼儿教育评价工作中，实施有关幼儿发展评价时所必备的综合素质与能力。包括幼儿教师自身持有的评价态度与评价意识；为开展评价工作所需的评价知识；在评价工作中如何开发、选择及处理评价结果所需的评价技能的整合。幼儿教师评价素养包括以下内容：

1. 评价态度

教师在进行幼儿评价工作的时候持有什么样的态度，用怎样的理念去评价幼儿的发展。其核心是对评价目的和意义的理解，即为什么要开展评价工作，评价工作有什么作用，怎么处理评价结果，怎么看待幼儿的个体差异。

2. 评价知识

教师所需要的评价知识应该包括：评价目标的相关知识、评价方法的相关知识、评价过程的相关知识和评价结果的相关知识。

3. 评价技能

包括制定评价方案的能力、运用评价方案的能力、收集和处理评价信息的能力、有效交流和运用评价结果的能力以及合作评价的能力。

4. 评价意识

受到自身情感态度、知识水平等方面的影响，评价意识映射在教师的评价行为上可以分为：无评价意识、潜评价意识、有评价意识。

（三）课程的适宜性

（1）幼儿园是否有一套完整的、有指向性、可操作性的劳动教育课程实施计划。

(2)对于劳动教育课程,教材是否具有科学性,是否与幼儿的发展相适应。

(3)课程活动内容是否能体现出启蒙性、全面性、生活性,且具备园本特色。

(4)活动的目的和内容能否与儿童的生活密切相关,是否能保障活动过程顺利实施。

(5)课程实施的组织形式和方法能否关注到幼儿发展的差异性,满足幼儿学习学习发展需求。

(6)能否创设符合劳动教育课程开展的环境,活动场地布置是否合理科学。

案例链接

小班幼儿是怎么爱爸爸、妈妈的?他们最关注和熟悉爸爸、妈妈的什么呢?根据这一出发点和思路,刘老师设计了"我来做爸爸妈妈"活动。在活动中,刘老师创设了"娃娃家"情景,让幼儿在"娃娃家"的情景中看一看、说一说;在自主的穿戴、装扮中满足体验角色的需要,巩固对爸爸、妈妈不同用品的认识;在情景中学念顺口溜式的儿歌短句。

上述活动中,教师在教育活动内容的把握上较好地体现了适宜性,紧密结合幼儿的生活经验,与幼儿的身心发展相适宜,能较好促进幼儿语言发展,培养幼儿初步树立感恩意识,丰富幼儿的情感体验,为幼儿可持续发展奠定良好的基础。

三、提升幼儿园劳动教育活动质量的原则

(一)科学原则

对幼儿园劳动教育活动的评估,不能靠主观经验或直观感觉进行,应采用科学合理的评价方法、手段和工具来进行,鉴于不同学段和幼儿发展水平的差异性,应采用不同的有差异化的评估标准,另外,对活动质量的评估采取科学的评估方法,应考虑活动中各个教育要素及其相互影响,从幼儿发展的显性和隐性影响以及动态和静态两个形式和角度进行,以便促进劳动教育活动质量的提升。

（二）全面性原则

幼儿园活动质量受教师、同伴、环境以及自身经验等各种因素的影响，对其开展质量的评估指标和维度必须做到全面性，避免出现侧重某一因素忽视其他内容的评价的现象，以提高评估工作的科学性和准确性。例如，在评估劳动教育实施活动方案时，要综合专家和家长意见，分析和归纳各方面信息，最终做出适当的评价。

（三）长期性原则

幼儿园劳动教育效果的长期性是由幼儿身心发展特点和教育工作的规律性决定的，幼儿的身心素质还具有多层次性，具有发展可能的多向性。发展需要一个过程，受各种教育因素的影响和制约，决定了劳动教育活动质量的长期性，这也要求针对幼儿园劳动活动质量的评估面向幼儿的未来，关注幼儿长期的身心发展，促进幼儿可持续发展。

（四）连续性原则

劳动教育不断地进行，才能持久丰富幼儿精神生活，促进幼儿可持续发展。如果没有劳动教育的连续性，幼儿就不可能真正参与活动，劳动的创造性也无法体现，幼儿劳动素养就难以得到系统发展，会出现事倍功半、劳而无功甚至劳而负功的状况。劳动教育活动质量的评估，依据评估目标，结合评估标准，长期、连续、深入细致地评估幼儿发展状况，以提高劳动教育活动质量，更好促进幼儿发展。

第六节
幼儿园劳动教育活动的评价方式

一、幼儿园劳动教育活动评价的分类

(一)依据实施评价的正式程度

依据实施评价正式程度的不同,幼儿园劳动教育活动评价分为正式评价和非正式评价。

1. 正式评价

正式评价是一种评估方法,它是一种有目的的评估方法。是按照既定目标和规划进行的,具有计划性和目的性。

2. 非正式评价

非正式评价是一种评价方法,它是在与幼儿的日常劳动教育教学的接触和互动过程中,通过观察(包含直接的和间接的)和沟通,对幼儿进行持续的认识,在有意识或无意识的情况下,对幼儿产生一定的看法和判断的一种评估方法。

(二)依据评价的功能和实施时间

依据评价的功能和实施时间的不同,幼儿园劳动教育活动评价分为诊断性评价、过程性评价、终结性评价。

1. 诊断性评价

诊断性评价是指预先进行的一种预测性的评价,也叫"事实评价",其目标是要对幼儿的基本状况有一个全面的认识,如智力、技能、行为、能力、性格、情绪等,通过对学生的学习态度等的分析,制定教学活动的方案或者帮助学生们更好地解决一些具体的问题。这种评价方式通常是在劳动教育活动开始之前或在活动教学阶段开始时进行的。

2. 过程性评价

过程性评价贯穿于整个教学活动的整个进程,其目标是要对教学活动的进程有一个全面的认识,并做出反馈调整,对教学活动的方案进行调整、修正和补充,以便用更合理、更完善的方式进行教学活动,推动儿童的发展。过程性评价是在教学活动进程中进行的。

3. 终结性评估

终结性评价指的是在结束某一劳动教育活动后展开的,目的是要对该阶段的教育活动的结果有一个完整的认识,并对达到的目标的程度做出评价,为后来制订教育活动的计划、设计活动方案提供一个客观的基础。

(三)依据评价主体

依据评价主体的不同,幼儿园劳动教育活动评价分为内部评价和外部评价。

1. 内部评价

内部评价又被称为自我评价,它指的是受评者通过对自身的认知和分析,以一定的标准为依据,对自己组织的活动做出判断,因为受评者也是评价的积极参与者,内部评价是一种对自身认知和提升的方式,对于被评价对象接受评价结果和改善工作具有非常重要的意义。

2. 外部评价

外部评价是指通过相关的人来组建评估团队,或者通过专家来进行评估。评价内容具体包括:活动对象在教学过程中的表现,如知识与技能、情感与态度、能力与习惯等,教育活动设计者的表现,如环境创设、材料投放、教学内容和方式等。

(四)依据评价方式

依据评价方式的不同,幼儿园劳动教育活动评价可分为量化评价和质性评价。

1. 量化评价

所谓"量",就是通过对被评估目标的数量、质量等指标的分析与计算,来确定其价值。这种方法可以使劳动教育内容更加准确,增强和保障评估科学性和有效性,避免评估的主观性和模糊性。

2. 质性评价

质性评价是在概念上、程度上对评估对象做了质的界定,再通过分析性的评价,来阐明评价对象的本质或程度。质性评价的执行评价更灵活,能体现劳动教育的复杂性。与量化评价相比,具有评价结果不够准确和难以具体等缺点。

总之,在具体劳动教育评估的过程中,要结合两者优点,做到量化评价和质性评价相结合,提高评价工作的准确性和科学性。

二、幼儿园劳动教育评价方法:幼儿成长记录册

儿童成长记录册评估是一种对儿童发展过程进行定性评估的方式。通过记录幼儿的各种行为表现、学习过程、学习成果,收集教师、幼儿及其同伴、家长等多方面评价信息,记录幼儿在学习、生活和思想方面的发展情况,通过对儿童发展过程中的劳动教育成长记录,可以对儿童劳动知识、技能、习惯及情感的发展水平、过程和趋势进行评估。

(一)评价原则

1. 全面原则

幼儿成长记录册的评估内容广泛,对幼儿劳动过程中的心理、生理、智力、技能、情感、行为、学习态度、学习方法以及他们的优缺点等进行全面记录,对幼儿的未来学习和发展奠定基础,促进幼儿德智体美劳整体发展。

2. 公开原则

幼儿成长记录册突破传统评估受时间和空间限制,不再局限于幼儿在学校中的劳动学习,而是延伸到了课外、社会、家庭,通过教师评价、幼儿自评、同伴间互评和家长评价,对幼儿的学习、行为、情感等各方面进行全面的评估,提高劳动教育质量,更好促进幼儿发展。

(二)评价内容

幼儿处于各方面的发育和发展的重要时期,幼儿发展档案袋中的信息不仅能够涵盖幼儿的身体、行为和认知;包括言语、情感、个性及社会性能力等多个发展领域,能全面反映出个人的需求与差异。一般来说,幼儿成长记

录册包括以下三个部分。

1.儿童身心发展

主要是对儿童身高、体重和视力等各项生理指标进行评估和记录;有关牙齿、运动、血色素等的指标,其来源以幼儿园对幼儿进行的定期的身体健康情况测查和上级卫生健康管理部门对幼儿园进行的健康情况为主。

2.儿童的认识行为

对幼儿在集体、小组或个人的探究式学习中所表现出来的语言、想象等进行的反应和记录;观察、思维等方面的发展情况,能够从儿童的语言讲述、同伴交流、问题对答等原始记录中,针对儿童在教学活动中以及在其他生活中的认知表现进行分析和评价。

3.儿童的实践活动

记录幼儿参加的教育教学实践活动,教师和父母记录幼儿在不同时间、不同内容、不同方式的操作活动(如插塑、积塑、小型积木等搭建类操作,自制玩具等创意性操作,集体活动中的探索性操作)过程以及创作而成的作品,也可以通过拍照或文字描述等方式,记录在幼儿的成长记录册中。

(三)评价方法

1.记录学龄前儿童的作业

儿童的劳动作品是展现儿童劳动的成就与结果的最好载体,是一种最具体、最直观的评价记录方式。儿童的作品可以指的是儿童的原始作品(例如,用纸笔方式呈现的绘画作品、书写的算数练习等),也可以指儿童对自己作品的口述记录。劳动作品形象直观,口述记录发展幼儿的语言表达能力,融合作品促进幼儿的认知水平展。

2.记录、沟通记录

书面记录师幼互动、生生互动是最常见的记录方式,同时,教师用文字对儿童的学习过程进行系统性的记录,也可以对儿童所处的较为复杂的行为和情景进行记录,以对儿童的发展需求进行分析和判断,增加对幼儿学习和发展进行评估的灵活性。

3. 数字化记录

音像材料是一种形象而又高效的记录方式,包含大量幼儿参与活动时的成长与发展信息,是新时代幼儿教师和父母常用的记录方式。

综上所述,在幼儿劳动教育成长记录册的评估中,记录的方法是多种多样的,要采用多种记录手段和形式,增强幼儿成长记录册评估的信效度,促进幼儿园劳动教育评估工作科学高效进行。

参考文献

[1]杨旭,杨白.幼儿园劳动教育活动设计与指导(综合版)[M].上海:复旦大学出版社,2012.

[2]王栋材,彭越.幼儿园劳动教育活动设计与指导[M].3版.长沙:湖南大学出版社,2014.

[3]刘懿.幼儿园劳动教育活动设计与指导[M].北京:人民邮电出版社,2014.

[4]高敬.幼儿园劳动教育活动设计与指导[M].上海:华东师范大学出版社,2014.

[5]贺新宇,霍静,付丽丽.多元视野下的幼儿园劳动教育活动设计探究[M].长春:吉林大学出版社,2012.

[6]俞沈江.大夏书系爱上劳动点亮未来幼儿园劳动教育课程实践[M].上海:华东师范大学出版社,2022.

[7]罗智梅,曾祥兰.幼儿园社会活动设计案例[M].武汉:武汉大学出版社,2019.

[8]杜长娥,董欣,刘彦芝.农村幼儿园一日生活指导[M].北京:教育科学出版社,2015.

[9]蒙文.幼儿园玩教具操作与活动指导[M].北京:航空工业出版社,2018.

[10]王爱军.幼儿园教师必备丛书幼儿园亲子活动指导手册[M].上海:上海科学普及出版社,2015.

[11]李俐.幼儿园主题环境创意新设计大班[M].南京:南京师范大学出版社,2013.

[12]万毓荣,包如萍.幼儿园健康教育活动[M].福州:福建人民出版社,2012.

[13]王爱军.幼儿园亲子活动指导手册[M].上海:上海科学普及出版社,2014.

[14]徐俊君.幼儿园乡土体育游戏[M].北京:教育科学出版社,2016.

[15]耿杰.幼儿园单元主题教育活动小班[M].上海:复旦大学出版社,2013.

[16]顾惠琴,王翔.小不点大发现幼儿园科学发现活动[M].南京:南京师范大学出版社,2014.

[17]伍香平.幼儿园园长易犯的80个错误[M].北京:中国轻工业出版社,2013.

[18]《上海托幼》.幼儿园一日活动中的德育案例[M].上海:上海教育出版社,2020.

[19]李秀兰,李文.专业视野下的基础教育教学探索[M].知识产权出版社有限责任公司,2021.

[20]焦宗芳.幼儿园园长不可不听的66条新建议[M].长春:吉林大学出版社,2014.

[21]廖俊平,王兴华.农村幼儿园田园教育资源的价值及其开发利用:幼儿园教师的视角[J].成都师范学院学报,2023,39(2):64-72.

[22]徐晶晶.基于德育视野的大班幼儿劳动教育实践理路[J].新课程研究,2023(3):89-91.

[23]徐东,程轻霞,彭晶.传统手工艺融入幼儿劳动教育课程:理据、核心元素与路径[J].内蒙古师范大学学报(教育科学版),2023,36(1):69-77.

[24]徐莉.让劳动教育真正融入幼儿的生活[J].早期教育,2023(1):44-45.

[25]龙晓峰.加强高职院校教师职业道德素养的必要性[J].武汉船舶职业技术学院学报,2022,21(4):6-8,19.

[26]王文佳.论高校教师职业道德修养的必要性和方法[J].公关世界,2022(24):32-33.

[27]何姝勤.提升教师信息素养,筑牢道德与法治教学根基[J].课堂内外(高中版),2022(47):73-74.

[28]杜贤元.基于种植活动的幼儿园劳动教育实践:以大班种番茄活动为例[J].今日教育(幼教金刊),2022(12):14-16.

[29]崔宁.幼儿园劳动教育存在的问题及其对策:以连云港市3所幼儿

园为例[J].宁波教育学院学报,2022,24(6):6-10.

[30]吴义昌.论教师专业发展的道德取向策略[J].教师发展研究,2022,6(4):65-70.

[31]张芹华.幼儿园劳动教育的价值及实践策略研究[J].教师,2022(35):87-89.

[32]林晗.新时代高校财会教师素质提升路径研究[J].湖北开放职业学院学报,2022,35(23):17-18,27.

[33]周怡宏,沈明泓,陈欲晓.以食育为抓手促进幼儿劳动素养提升的实践研究[J].林区教学,2022(12):93-96.

[34]曾艳丹.回归儿童的幼儿园体验式劳动教育实践[J].亚太教育,2022(24):62-64.

[35]曾彬,杨文悦.乡村振兴视域下乡村幼儿园劳动教育发展探析[J].内蒙古师范大学学报(教育科学版),2022,35(6):66-72.

[36]咸宗莲,石绿叶.探究在幼儿园劳动教育中培养幼儿的合作意识的策略[J].当代家庭教育,2022(31):105-108.

[37]许巧红.浅议小学高年级体育快乐课堂教学策略[J].现代农村科技,2022(12):78.

[38]徐灿.体育游戏在小学排球教学与训练中的应用[J].家长,2022(35):16-18.

[39]周敏雯.小学体育教学中抗挫折能力的培养[J].家长,2022(36):19-21.

[40]张萍萍.陶行知思想在小学体育游戏中的运用[J].试题与研究,2022(35):126-128.

[41]于海霞.行知教育理念应用于小学体育课堂教学中的策略探讨[J].试题与研究,2022(35):179-181.

[42]陈华.组织多样化体育社团活动,提高小学生体质健康水平[J].试题与研究,2022(36):52-54.

[43]周莹.幼儿园主题活动融入劳动教育的路径[J].家长,2022(36):174-176.

[44]张宗兰.陶行知劳动教育思想在学前教育中的应用价值[J].好家长,2022(41):46-47.

[45]黄建荣.新时期幼儿园劳动教育新探[J].广东教育(综合版),2022(12):64-65.

[46]樊红,陈菊.幼儿园"三服务"劳动教育体系的构建与实践[J].早期教育,2022(52):17-19.

[47]罗杨.立足农村特色开展幼儿园劳动教育探寻[N].科学导报,2023-01-13(B03).